神道と日本人

葉室頼昭

Hamuro Yoriaki

春秋社

はしがき

先日ある方がおいでになり、「京都で外国人の講話があるから、宮司さん来ていただけませんか」と頼まれました。それはフランスのオリヴィエ・ジェルマントマという作家のことで、日本人に対する理解が非常に深く、日本人の生き方こそ、世界を救える唯一の民族であるという話をするということでしたが、フランス人が、私が常々言っていることと同じ考えを持っていることに驚きました。

外国の人でも日本人の素晴らしさを認めているのにもかかわらず、現代の日本人のなかには、「日本の国や民族は、悪い国、悪い民族である」と思っている人が数多くいるというのは、まことに残念なことだと思います。

よく、少数民族をテレビで取材する番組がありますが、取材している日本人よりも、山の中で生活している民族のほうが、誇りを持っており、立派に見えることがあります。世界の国の歴史を見れば分かるように、その国の歴史と民族の誇りを失った国は、必ず滅びます。このままでは日本の国は滅亡の道をたどっていると思われます。何とか今こそ原点にたちかえり、みんなが、日本人という自覚と誇りに目覚めて欲しいと、切実に願っているのです。

日本人の誇りとは、祖先が代々伝えてきた神社の祭りの中に見られます。日本人は世界の民族の中でも唯一、素晴らしい真実の人生を歩んできた民族であろうと思います。自分の我欲ではなくて、神さまをはじめ、周囲の人々を幸せにすることによって、自分も幸せになるという、素晴らしい生活の知恵を持っておりました。私はこの日本人の生き方こそ、現代の荒廃した地球を救える考え方だと思っております。

日本の国は、戦争に負けて、その時から日本の歴史や伝統を否定し、子供に教えなくなりました。そのために子供は、昔のことは関係ないとか、おじいちゃんやおばあちゃんの話は古いとかいって、聞かなくなりました。このために現在の若者の中には、自分が日本人であるという自覚も、日本人という誇りなどをかけらも持っていない若者がたくさんおります。こんな国は日本だけではないでしょうか。

真実の日本人の素晴らしさを少しでも知っていただこうと思い、この『神道と日本人』という本を刊行することになりました。一人でも多くの読者の方々に、そういったことに触れていただければ幸いに存じます。

前著『〈神道〉のこころ』にひきつづき、春秋社の神田明社長、編集部の佐藤清靖氏のお世話になりました。記して謝意を表します。

平成十年十二月

葉室頼昭

神道と日本人

目次

神道と日本人

第一章　日本人と神道

春日大社と国譲り

——まず最初に、神社というのは日本人にとってどのような存在であったのでしょうか。そんなところからお話しいただければと思います。

それではまず春日大社のことからはじめたいと思います。春日大社は奈良時代につくられましたが、なぜこの春日大社がつくられたのか。また、どうして香取・鹿島の神さま（経津主命《ふつぬしのみこと》・武甕槌命《たけみかづちのみこと》）を関東からお呼びし、また藤原氏の祖先である天児屋根命《あめのこやねのみこと》のご夫妻を大阪の枚岡《ひらおか》神社からお呼びして、四柱の神さまをお祀りされたのでしょうか。

もちろん奈良の都を守護するための神社として藤原氏が建立したということは間違いないのですが、それではいったいなぜ、わざわざ香取・鹿島の神さまを遠くからお呼びしたのか。いままでは、藤原氏が関東で非常に信仰していた神さまだからお迎えしたと、よく言われてきましたが、私はそれだけではないと思います。

先日、出雲大社で神道の会があって参拝する機会がありました。出雲大社には千家家と北島家という、昔から二つの出雲国造家《いずもこくそうけ》と呼ばれる家系があって、それが明治の頃まで出雲大社の宮司を交代で奉仕しておられました。その北島家の末裔で現在、出雲教当主の北島さんが、私の学習院での同級生で、その時みんなの前で国譲りの話をされた。それを聞いて、こういうことなのかと思いいたったのです。

大国主命《おおくにぬしのみこと》の国譲りという神話がありますね。それがいったい何を意味するのか、その真の目的についてはじめて聞いたんです。一般に香取・鹿島の神さまが天照大神《あまてらすおおみかみ》さまのお使いで出雲に来られて、この国は大和朝廷が治められる土地だから、これをお譲りなさいと言われて譲った。これが国譲りということになっていますね。

それには違いないのだけれども、その中で大国主命のご長男である事代主《ことしろぬし》の神さまが、お隠れになると書かれてあることについて、これがどういう意味であるのかというと、大和朝廷がこの国を治めるのに、政治的なことは大和朝廷がするから、カクリミ（隠身）として、政治の表に出ないで信仰的な方面から大和の国を治めてほしい、ということだと説明をされていたのを聞いて、なるほどと思ったのです。

春日大社が奈良時代にこの御蓋山《みかさやま》のふもとにつくられたのは、もちろん奈良の都を治めるためにつくられたのだけれども、その時にどうして香取・鹿島の神さまを呼んでこられたのか。奈良の都は、政治的にはもちろん大和朝廷が治められるのだけれども、国譲りと同じで、信仰面で都を治めるという意味で春日大社がつくられた。これが本当の意味ではないかと思います。そのために、四柱の神さまに御蓋山の中腹にお鎮まりいただき、信仰面から国を守護した。これが日本の原点だと思うのです。

現在でもいろいろな建物をつくるときには、地鎮祭をしますでしょう。その土地におられる神さまに、今から建てますので、どうぞ土地をお貸しください。これから先、私たちをお守りくださいとお願いしますね。これは大国主命の国譲りと同じだと思うんです。

春日大社も、奈良の土地には昔から人々が信仰してきた神さまがおられるのですから、土着の神さまにまずお断りしてからお社を造ろうという、いわゆる国譲りの使者として、まず鹿島・香取の神さまが来られたのだと思います。それに、高天原《たかまがはら》で祭りごとを行なってこられた天児屋根命ご夫妻をお招きし、信仰面で奈良の都を治める目的で春日大社が造られたのだと思います。

日本人は自分の土地だからといって、勝手にものを建てたり居座ったりしていません。前からいらっしゃった神さまと仲良く一緒にやっていきましょうという、共存という独自の考え方が息づいているのです。

ところが、いま日本の国は、祖先が代々伝えてきたこのすばらしい伝統が忘れ去られ、まったく行なわれていない状態になってしまいました。ただ政治とか、経済とか、科学とか、それならそれだけでやろうとしています。そんな表面的なことだけで解決しようとするのが間違いであって、土台に信仰があって、そのうえで国を治めるというのが、日本人の原点だと思います。そしてこの原点を春日大社が荷ってきたと思うんですね。ですから今こそ、その原点に返って、春日大社が行なってきた国譲りの信仰で国をよくしていかなければいけない。今こそ奈良時代に春日大社がつくられた本当の意味が発揮されるときではないかと思っています。

ところで藤原氏が創建したというと、春日大社は藤原氏が権力にあかして造ったとか、そういう話ばかりよく出てきますが、そういうことではありません。藤原氏というのは、中臣鎌足が出て、天智天皇から藤原という姓をいただいてからのことで、もともとは中臣氏です。中臣氏というのは、朝廷のお祭りごとをつかさどっていた氏族ですから、当然のこと祭祀的な意味が根底にあって建立されたのだと思います。

それにこの藤原氏の名前の由来について、このことになると話が長くなりますが、藤原というのはいったいどういう意味なのか。これはみんな全然わかっていないんです。

——どういう意味なのですか。

春日大社・中門と藤

これはもちろん日本語なんですが、日本語というのはアイウエオ、一音ずつに意味があるのです。もともと日本に文字があったかどうかわかりませんが、漢字というものが入ってきて、それぞれ、しゃべっていた日本語に漢字をあてはめていったわけです。最初のうちはそれでよかったんですが、時代がたつにつれて、もともとの日本語の意味を日本人自身が忘れてしまって、本来の意味がまったくわからなくなってしまったんです。

藤原氏というと、普通、漢字の「藤原」を考えるでしょう。だから、意味がわからない。そうではなくて、富士山の富士も藤原氏の藤も同じ「ふじ」という日本語です。漢字をあてはめると片方は山で、片方は植物ということになりますが、本来、両者は同じ意味なのです。

まずは「ふ」。「ふ」というと、皆さんがロウソクの火を吹き消そうとする時、口を尖らせてフッと息を吹きかけるでしょう。それが「ふ」という言葉ですから、もともとの「ふ」という日本語は息を吹き出すという意味なのです。「じ」というのは地面です。だから、富士山というのは、地面から偉大なるエネルギーが吹き出してきた山という意味なんです。藤原の藤も同じです。藤の木は蔓が伸びるでしょう。地面からエネルギーが吹き出して蔓が延びたという意味です。だから、偉大なる力という意味があります。

藤原の「はら」というと一般に原っぱというか草原みたいなところを思ってしまいますが、あれは「は」と「ら」がくっついたもので、「は」とは何かというと葉です。木の葉です。葉というのは緑でしょう。あれには葉緑素というものがあって、我々生物の血液は赤なんですが、木の血液は緑なんです。木の緑の血液は何をしているかというと、我々が吐いた炭酸ガスを太陽の光を受けて光合成をして酸素によみがえらせる。命のよみがえりをやっている。それが「は」です。「ら」というのは、「むら」とか、「お前ら」というように、いっぱいという意味の日本語です。

だから、原っぱというのはいっぱい命がよみがえっているところ、草や木がいっぱい生えて、命がよみがえっている場所という意味です。人間の腹も同じなんです。お腹は何をやっているかというと、食べたものを消化して自分の命によみがえらせる。食べたものを自分の栄養に変えているわけです。だから、原っぱの「原」もおなかの「腹」も、もともとは同じ意味を持っていたんです。

そうすると、「ふじはら」というのは、ものすごいエネルギーで命が吹き出して、そしてたくさんの命をよみがえらせるという、すごい名前になります。それは、鎌足という人は非常に力があって、日本の国をかたちづくった。だから天皇が「ふじはら」という素晴らしい名前をくださったわけです。お前はエネルギーを吹き出して日本の国をかたちづくってくれた、とほめてくださって、「ふじはら」という素晴らしい名前をくださったんだと思うんですね。

――なるほど。そういうことだったのですか。

それなのに植物の「藤」と「原」を書くから、わからなくなるんですね。「ふじはら」という意味は本当はそういう意味です。日本の国をかたちづくったのが中臣鎌足で、そのためにいただいた名前が「ふじはら」なんです。昔からいろいろな解釈がありますが、みんな漢字を解釈するから間違ってくる。日本語は漢字ではない、仮名のほうでしょう。言葉そのものの意味をみんな忘れてしまって、漢字を解釈するから何のことだかさっぱりわからなくなるんですね。

ですから、香取・鹿島の神さまを藤原氏が崇敬していたから持ってきたなんていう解釈になるわけです。そうではないんです。香取・鹿島の神さまは天照大神さまのご命令で、宗教的に国を治めてくださいと使いに来られた方です。国をよこせと言ったのではない。そう考えると、国譲りの解釈がまったく違ってきます。大和朝廷が政治で治められるから、大国主命に宗教的に助けてくださいという交渉に来られたのが、香取・鹿島の神さまだと考えるべきなのです。
以上は国造の北島さんがいろいろ話をしてくれて、はじめて知り、思いいたったことです。そして出雲の人たちは、今でも変わらず日本の国を宗教的に助けるのが出雲大社であると信じている。私もこれは本当のことだと思います。それが国譲りの意味なんです。奈良時代、春日大社ができたのも、そういうことだと思うのです。

水と山と神社

――春日大社というのは、私どもがこうやっておうかがいしておりますと、本当に身が引き締まる思いをさせられます。神社というのはやはり我々にそういう思いを引き起こさせるような何かがあるように思います。

昔の日本人というのは、今の人間と違って、神仏はじめ、霊的なものに対してものすごく感受性が強い民族だったと思います。そのなかでもとくに感受性の強い人が、神さまがいらっしゃる清らかな場所というものを知っていた。ですから、どこにでも神さまを祀ったらいいのではなくて、ここに神さまがいらっしゃる、神さまをお祀りできる聖域というものを直観的にわかる人がいたのでしょう。だから、もちろんここ春日大社もそういう人によって発見された場所だと思います。

ところで人間が生きるためには水がなければいけない。水は命の根源です。ですから、最高の水が湧く場所も直観的に知っていたと思われます。大きな神社の井戸を調べると、そのほとんどがゼロウォーターという清らかな水であるという研究をした人がいます。これは科学のない時代に、神聖なところを直観で知っていたということの証でしょう。そういう場所に神社を建てたわけです。神社というところは、もちろん精神的な面で人々を救うのだけれども、それだけでは生活ができません。奈良の都には当時、二十万人が住んでいたとも言われております。この人たちを生活させるためには水、しかも体に最もよい、命をよみがえらせる水がなかったら生きていけなかったはずです。春日大社の本殿のわきにはいまも井戸がありますが、そこの水を調べたらゼロウォーターだそうです。いまはいろんな不純物が入っていて生では飲めないけれども、そういうものを除いたら本当に最高の水だそうです。

そういうことを知っていて、ここそこにお社を建てたということなんですね。ただやみくもに、ここがいいからお宮をつくろうということでやっていたわけではない。神います場所というか、生命の根源となる場所を知っていたのだと思います。

――水と関係が深いということですね。

関係が深いどころではなくて、そのものなんですね。これについてお話をする時は、いつも山について話しています。山がなかったら人間は生きていけない。なぜなら山がなくて大平原だったら、川ができないから砂漠になってしまう。ところが、日本の国というのは、ありがたいことに日本列島の真ん中は全部山になっています。そして、日本海と太平洋の両側に向かってたくさんの川が走っています。

降った雨の水というのは、山があって、山に生えている木があるから、そこからしみ込んで土のなか深くに入るでしょう。そうやって木に覆われた山によって水が保たれ、やがて徐々にそれが川に清水となって出てくる。木が生えていたらそこに葉っぱがあるから、その葉っぱを通して地面に入り込んで、それが清水となって出てくるから、水にミネラルなどいろんなものが溶け込んで非常に栄養のある水になるわけですね。これを飲んで昔の人は生活したわけです。栄養のない水だったら生活できません。

テレビでもよく、月の引力が、生物の生命に非常に関係が深いことが映し出されます。例えば満月の日に、海の中のサンゴが無数の卵を排卵したり、また満月の日に生殖行動をとる生物はたくさんいるでしょう。満潮時、あるいは干潮時に浜辺で卵を産んだり、その時に卵が孵化したりする生物は、なぜ潮の満ち引きの時期を知っているのでしょうか。これらのことを考えると、生物は月の引力によって大きな影響を受けて生活していることが分かります。

そもそも私たちは水の中から生まれてきたでしょう。生物は、水の中で誕生し、それが海水を体内に蓄えたまま地上に上がってきたために、人間の体の体液というのは、海水と非常によく似た成分で構成されています。だいたい、私たちの体の六十、七十パーセントは水だと言われているほどです。

だから海が満潮の時は、人体の体液も満潮になって、月の引力を最大限に受けます。体が満潮になるということは、体内にエネルギーが満ちるということです。昔から満潮時に赤ちゃんが産まれるとよく言われていますが、これは真実のことで、赤ちゃんはお母さんのお腹の羊水の中に浮いているので、そこが満潮になるのです。逆に干潮の時には、体のエネルギーが少なくなって、お年寄りが亡くなったりするのです。

このように、ふだん気がついていなくても、我々は月の引力に大いに影響を受けて、生かされているわけです。だからそれに逆らわずに生活すれば、健康でいられると思うのですが、今の人間は全て理屈でものを考え、我欲で生き、そういう自然のバランスに逆らって生活するためにいろいろな病気が起こるのだと思います。

また、体の中にある水・体液は、栄養を体内に取り込んで、細胞内の老廃物を運び出しますが、その作用を十分におこなうためには、できるかぎり分子配列が整ったきれいな水が必要となります。それで病人と健康な人の体液、その水を調べてみると、病人の体液は非常に汚れているのがわかります。たとえば、ガンになった人、なる人の体液を調べてみると、配列が乱れて、ものすごい勢いで水の分子が体の細胞にぶち当たっているそうです。そのぶちあたっているところがガン細胞に変化してくるわけです。つまり体液が汚れてくると病気になるとも言えるのですから、健康になるには、この体液をきれいにすることが大切となります。

また最近では、水の分子配列が人間の心によって変化することもわかってきました。イライラ腹を立てたり悩んだり、そういったゆがんだ心の波動が、体液に少なからぬ悪影響を与えているのです。人間の体は、体液がきれいになれば健康になるわけです。だから、素直な心で最高の水を飲み、神さまに導かれた感謝の心をもって生きることが重要なのです。そういう水の重要性は現代科学で改めてわかってきたことですが、昔の日本人はどういう方法かわかりませんが、その真実を知っていたということになりますね。

——なるほど。

そして、そういう素晴らしい水が流れている川も、山がなければ当然できません。その意味で山というのはまさに命の原点でしょう。山によって川ができる。しかしアフリカなどの大陸ではそうはなっていない。真平らなところだったら、川ができないでしょう。そこには水の循環がないから、しばらく雨が降らなかったら砂漠になってしまう。それでは生きていけないですね。

ところが、日本はありがたいことに雨は多い、緑は多い、山が真ん中にある。世界でこんな快適な国はない。山がなかったら我々は生きていけない。そのおかげで我々は生かされているということを知ることができたので、昔から日本人は自然を拝み、必ず山に神さまを祀ってきたわけです。それがいい水が出てくる場所を知ることにつながりました。これは何も宗教的な話だけではなくて、現実的なことでもあるのです。つまり日本人というのは生かされる生活をとおして素晴らしい能力をつちかい、生きてきたのですね。

今から約四十五億年前に地球が生まれ、そして不思議なことに地球だけが水や空気に恵まれました。海に生まれた藻などの植物によって、大気中に酸素があふれ、太陽からの紫外線を反射するオゾン層によって、全体としては安定しつつも、変化のある地球の環境が生まれました。地殻変動で陸に山ができて川が流れ、やがて地上に上がった植物は少しずつ広まり、大地により多くの水を貯えるようになり、豊かな自然が生まれてきたのです。

そして、山は火山の爆発など、地球内部のエネルギーが吹き出してきて盛り上がったところにあります。そのはかりしれない力強さに、また山は生活に欠くことのできない水を生み出す生命の原点の場所ですから、そのすばらしい生命力に、日本人は山に神を祀り拝んできたのだと思います。

ところが、いまの日本人というのは愚かだから（笑）、そういうことがわからないで、山の木を全部切って、ゴルフ場をつくったり何かしているでしょう。自分で自分の首を締めているようなものです。せっかく昔の日本人が行なってきたことを、いまは全部パーにしてしまった。その上、日本はつまらない国だと悪口を言っている。冗談じゃないですね。こんなに自然に恵まれたすばらしい国というのはない。これになぜ感謝しないのかということなんです。地図をよく見てほしいと思うんですね（笑）。

ですから、日本人は必ず山に神を祀り、これは神さまの山だから、手をつけてはいけないと言って、祖先たちが山の自然を残してきたわけでしょう。そのおかげで、いま我々は生かされている。だから、山の木を切ってしまったら生きていけないんです。そういう自然の中に一体となって生活している社会を考えると、日本人というのはすごいなと思うんです。ここ春日大社も御蓋山というところに神さまを祀ったでしょう。ご神域ということで、いまだに人が入りません。我々神職も祭りの日しか入らないんですね。だから、原始林が残っています。そこから水が下りてくるわけです。それを生活で使っていたのです。

いまは汚れてしまったから飲食には使えませんが、それでも、お祭りのときには、御蓋山から流れる水谷川の神聖な水を汲んで、みんな浄めるわけです。お祭りのときには装束はじめ祭器具類を全部それで浄める。お風呂に入るときでも、全部は入れませんが、浴槽のなかにその水谷川の水を入れて、それで我々も身を浄めて祭りに奉仕する。昔のとおりにやっています。これは神さまからいただいた最高の水だからです。

いつも言うんですが、水というのは濁ることはない。泥水というのはないんです。ただ、水に泥が混ざっただけです。だから、それをしばらく置いて泥が沈殿したら上にきれいな水が残るでしょう。水というのはそういうものです。ただ、泥水のように見えているだけです。だから、水谷川だっていまはいろいろ汚れていますが、それはただ混ざっているだけで、もとの水には変わりがない。それを取り除いたら、最高の水が出てくる。これが祓いの原点です。

祓いということ

――祓いとは、罪《つみ》・穢《けがれ》を祓うということですね。神道では「みそぎ」という言葉があるように、身を浄めるというのは非常に大きなポイントでしょうか。

結局、日本人と西洋人の大きな違いは、西洋医学では、たとえばガンならガンという状態に体が変化したのが病気であると考えています。しかし日本人はそんなことは考えていない。我々人間の体というのは、神さまが完璧におつくりになった体だから、病気でそんなふうに変化するということはないのです。

罪・穢と言いますが、「つみ」というのは体を「包む身」という意味です。「つみ」というのは泥棒をしたとか、そういうことではないんですね。ああいう当て字を書くからわからなくなる。「つみ」という日本語は、すばらしい神さまからの体を包んで隠してしまうということです。「けがれ」というのは、穢という字を書いていますが、汚いというのではなくて「気枯れ」です。我々を生かしてくれる神さまの気を枯らしてしまうものが、

「けがれ」なんです。そういうもろもろが体についてしまったために、もともとのすばらしい姿が見えなくなった状態が、病気であると考えるわけです。もとは変わっていない。

ですから、いま言ったように、どんな泥水でも、水は変わっていない。泥が混ざっただけだから、泥を取ったらまた澄んだ水が出てくる。こういう考え方をします。人間の体も水と同じで、どんな病気が来ようと、もともとはすばらしい体であり、それに罪・穢という異物がくっついているだけなのだから、それを消せばもとの体が出てくると考える。私もそれが正しいと思います。そして、これを行なうのが祓いです。

この祓いというのはすごいもので、世界で日本人だけが考えたものです。人間の体というのはそうやすやすと変化するものではない。神さまが百五十億年もかかってつくられた体が、簡単にばい菌や何かで侵されるわけがありません。神さまはそんな体にはつくっておられない。どんな状態になろうとも、もともとの人間の体はすばらしいんです。ただ、それをおおい隠すようなものがつくからダメになるというわけです。

それがなぜつくかというと、すべて「我《が》」です。罪・穢は全部「我」によっておこってくるのですね。我欲があるから、いわゆる病気になったり、いろいろ悩み、悲しみが出てくるのです。だから、我欲を祓いなさいというのが「祓い」ということです。

——我欲を祓うのですね。

ええ。話は飛びますが、人間がなぜ地球上に生まれてきたのか。これはいつも話していることですが、要するに百五十億年前にビッグバンで宇宙が膨張したでしょう。その前に、無の世界というのがあり、そこに神さまのお心があった。

これはあてずっぽうで言っているわけではなくて、人間の体は宇宙の縮図でもありますから、人間の体から見てもそう考えられるのです。「神の世界を見させよう。そして、見るだけではなくて、神の世界のすばらしさを表現する、人間という生物をつくろう」という神さまのお心。そう神さまが思われたに違いない。そこから宇宙が膨張したんです。これが普通の動物と人間の根本的な違いです。この人間という生物をつくらせるために、すべてのことが起きていると解釈すべきなんです。

宇宙が膨張し、無数の星ができ、四十五億年前に太陽から地球ができ、三十五億年前に生物の生命が生まれてきたでしょう。全部がその目的のためです。そして人間の姿まで進化するのにさらに三十五億年かかっています。宇宙誕生以来百五十億年かかって神さまがつくられた人間は、その進化の過程が凝縮されたすばらしい体を持っているのです。だからその体が、ばい菌や何かで病気するようにつくられているわけがない。そう思うのは神を冒瀆《ぼうとく》することだと私は思うのです。

人生というのは、何もかも祓いのくり返しなんですね。一生涯祓いつづけて、死ぬ間際になったら罪・穢が祓われて、神の真実の世界を見なければいけないんです。だから、本当だったら年寄りになったらおおかた祓われて、罪・穢の大元である我欲がなくなるはずなんですが、今は逆に年を取れば取るほど我欲が出て、ガンコジジイ、ガンコババアになっている人がいる（笑）。これは神に反することです。若いときは体力があるから、自分の我欲で生きようとする。そこで、それをなくすために、わざわざ自然は人間の体力を衰えさせている。すると我欲で生きることができなくなる。つまりそれが年を取るということでしょう。そうやって我欲をなくそうとしているんですね。

ですから、「おいる」というのはよぼよぼになるということではないんですね。「お」というのは丁寧語でしょう。お菓子やお茶わんなどの「お」です。「い」は命《いのち》です。「る」というのは、「くる」とか「する」とかの「る」で、続くという意味です。ですから、「おいる」というのは、命をずっと続けてきたすばらしいお方という意味です。そこにはよぼよぼという意味はかけらも含まれてはいない。

「老」という字をイメージするとよぼよぼにみえますが、これは中国の言葉です。日本語は「おいる」です。ずっと命を続けてきたすばらしいお方という意味です。ですから、長生きするということは、それだけですばらしいことなんですよ。それに加えて、我をなくしたら神に近づくわけでしょう。そして全部なくしてしまったら神と一つになる。神が見える。これが人生なんですね。

生き続ければ続けるほど、我欲をなくさなければいけないのに、なかなかそれがなくならないから、自然は死を与えているんです。肉体があると我欲がなくならない。しかたがないから、神さまは肉体を消滅させる。そして我欲をなくして神の世界を見させようとする。ところが、死んでもまだ我欲を持っている浮かばれない人がいます。死ぬこともできない。これでは救いようがないですね（笑）。

いかにしたら我欲をなくせるかということです。神さまが神の世界を見なさいとおっしゃっている。しかし、我がある間は見えない。祓って祓って我欲をなくしたときに見えるんです。ですから、人生というのは祓いそのものなのです。

感謝するこころ

ところで日本人はどこに神の世界をかいま見てきたのか。それは昼でも夜でもない。そのあわい、はざまの夕方・朝方です。ここに神の世界を見ています。ここに我欲がなくなった世界があるのです。

京都で大文字焼きがあるでしょう。その中に「妙」という字がありますね。あれは少女という意味です。子供でもないし、大人の女でもない。その中間で少女です。そこに神の命を見るというのが「妙」なんです。ところが、このごろは少女がいないですね。こまっしゃくれた子供か、愚かな大人しかいない(笑)。日本の子供を見てごらんなさい。小さいときからこまっしゃくれていて、少女がいないでしょう。

ところが、このあいだNHKのテレビでモンゴルの番組を見ていて、そこで生きている子供たちが実に素晴らしいと感じたのです。着ているものはきれいとはいえないし、食べているものも、我々から見たら豊かとはいえないようなものですが、眼が輝いている。海を見たことがないということで、映画で海を見させていましたが、みんなびっくりしたような無邪気な顔をして海を見ている。

神さまが現われるというのは、本当にこういう顔だと思いました。我欲がない。本当の子供というのは、今はそういうところにしか残っていないんですね。日本の子供はもう子供ではないですね。こまっしゃくれた子供しかいない。本当に我欲がないというのは、もうそういうところでしか見られないんです。これはまさしく人類が滅びる寸前だと思います。

ですから、我欲をなくすために祓いつくし、それで、本当の姿を持たなければいけない。これは、いつも私が言っている、理屈でものを考えるなということです。理屈で考えるからこういう世の中になったのだから、それを一度全部捨てる。神さまというのは理屈のない世界にいらっしゃる。理屈を言っている間は神さまは見えないわけですから、理屈を言わず、感謝しなさいと。

けれどいまは感謝もできないんですね。感謝しろと言うと、何にですかと聞く。感謝に理屈なんかないでしょう（笑）。だから、「理屈なくありがとうと言いなさい」と言っていますが、それが言えない。何か目の前に理屈がないと頭も下げられない。本当に滅亡寸前の民族になってしまいましたね。

——神社に参拝したとき、誰もが手を合わせてお祈りをしますが、それこそいまおっしゃったように、感謝の心でもって手を合わせることが大切だということですね。

いまの日本人の祈りというのは、もう祈りではなくて、あれは我欲の願いなんですね

（笑）。入学祈願でも、お母さんが子供を連れてきて、希望校を絵馬に書いて、お祓いをしてご祈禱をするでしょう。そして、自分の希望どおりの学校に子供が入れば、ありがとうございましたと言う母親もいます。ところが、入らないで子供が浪人して、ありがとうございましたと感謝する母親は一人もいない。つまりこれだけ賽銭をあげるから、その代わり子供を希望校に入れてくださいということでしょう。これは祈りでも何でもない。取引ですよ（笑）。

お賽銭をあげるのだってそうですね。お参りに来て、お賽銭を財布から出すとき、百円より千円のほうがご利益が多いかな。一万円だったらどんなだろうなって（笑）。もう、そんなことでは神さまだってうんざりしますよ。

祈りというのはそうではなくて、神さまに感謝することです。ありがとうございました、と。「なぜ？」という理屈をなくして感謝するというのが祈りなんです。そこから全てが始まるのです。それをいままで日本人はずっとやってきたんですね。

それを今でも伝えているのが、お祭りです。お祭りというのは、願いごとをしているわけではないんです。神さまに生かされている、何事もさせていただくというのが、日本人の根本的な考え方です。ただ神さまのすばらしいお姿を認め、ひたすら神さまをお喜ばせし、生かされていることに感謝しているんです。神さまが自分を見なさいと言われているんですから、神さまを見ている。「神さまはこんなにすばらしいお方ですよ」、「すばらしいな」と言っているのが、お祭りの本意なんですね。

人間というのは認められ感謝されるといちばんうれしいですね。女の人でも、「きれいですね」と言うと喜ぶでしょう。男でも、「あなたはすばらしいな」と認められ、誰でも「ありがとう」と感謝されるとうれしい。神さまもうれしいんです。だから、神さまをお喜ばせするには感謝して認めることなんです。「神さまはすばらしいですね」と祝詞で言っているわけでしょう。そして、巫女さんが神楽を舞う。舞って神さまをたたえている。神さまを認めてすばらしいと言うと、神さまは喜んでくださる。それだけといえば、それだけです。本質はすごくシンプルなんです。

そうすると、神さまは願いごとなどをしなくても、ちゃんとやってくださる。祈りというのは、そういうことなんです。他の国で見られるような必死になって自分の願いごとを祈っている姿とは異なり、神道では神さまを喜ばせる、感謝するということが祈りなんです。こちらから頼まなければやってくれないというのは、神さまを冒瀆することです。神さまというのは全部知っておられるんです。だから、神さまを認め、喜んでいただいたら

感謝

充分なんです。そうしたら、神さまはこちらに出てきて、お恵みをくださる。

キリスト教でも仏教でもいいんですが、それらの宗教がどうして出てきたかというと、キリスト教はイスラエルの砂漠地帯からできてきたわけですね。仏教はインドの混沌とした大地から釈迦が出てきたでしょう。だから結局、環境の厳しいところから出てきたものだから、自分の周りを変えなければ生きていけない。そのために祈る。これがキリスト教でも仏教でも、宗教の核心になっているわけです。

ところが、日本は違います。自然に恵まれている。自分の周りを変えなくても自然が豊かにある。だから、なにもそんなことをしなくていい。ただ感謝していたらいいんです。これが神道とほかの宗教との違いです。発生した風土が違うんですね。

だから、神道には決して武力で何とかしようというのはないんですね。神道が戦ったという歴史はありません。自然に恵まれているから、周りを変えてどうこうしようということは、日本人にはないんです。ただ感謝する。これが神道の核心です。

共に生きる

この神道の祭りに見られる、「神さまをひたすらお喜ばせし、生かされていることに感謝する心」は、日本人が持っているすばらしい生活の知恵だと思います。現在は「はたらく」というと、労働という考えがありますが、「働く」という漢字を書くから本当の意味が分からないのです。これは「はた」と「らく」という日本語です。すなわち「はた」とは周囲のこと、「らく」は楽しむという意味ですから、周囲の人を喜ばせる、ということが日本人の「はたらく」という意味です。

戦後の日本人は、祖先が伝えてきた生活の知恵を全て捨ててしまい、民主主義とか自由とかいうことをはきちがえて利己主義の人が多くなり、自分の目先の利益だけ考え、他人のことや、まして日本の国のことなど全く考えないようになりました。しかし我々日本人の遺伝子の中には、祖先から伝えられてきた歴史の記憶が入っておりますから、現在でも日本人ほど相手のことを考える民族は、世界のどこにもいないと思います。

外国に旅行された方はおわかりかと思いますが、レストランやホテルでも、外国ではサービスが悪く、何か頼むとすぐチップを渡さなければなりません。しかし日本ではチップなどは要求しませんし、お客さんに心からサービスしています。外国ではモノを作ると、ただ優れた製品を作ろうとしますが、日本人は製品が優れているというだけでなく、それを使う人がいかに使いやすいかというところまで考えてモノを作っています。

先日も、ある人がフランスに行ってタクシーに乗ろうと思って車の前に立ったけれど、ドアが開かずとまどったそうです。日本では、タクシーは自動的にドアを開けてお客さんを乗せ、また自動的にドアを閉めますが、外国では乗りたければ自分でドアを開けるのは当然と考えており、日本のタクシーのようなサービスは全くありません。これらの例を見ても、祭りに見られるひたすら神をお喜ばせする日本人の伝統が今でも残っているんですね。これが唯一の救いだと私は思います。

——いま仏教の話が出ましたが、仏教と神道というのは一つのものとしてよく言われますね。神仏習合というのもありますし、日本人は神さま、仏さまと一口に言いますね。神さまというのは神道で、仏さまが仏教ということになるのでしょうが、神も仏もあるものかとか、そんな言い方もする。要するに一つにして考えているというのがありますが、やはり違うことは違うわけですね。

これもやはり日本人のすばらしい特色です。人間の体というのはどんなものを食べても、自分のものによみがえらせて自分の栄養にします。食べたお肉をそのまま体の中に取り入れたら、肉は異物ですから、当然、拒絶反応があらわれて生きていくことができません。だからお肉を食べたら胃で消化して、腸で自分のものに変えて、体内に取りいれているわけでしょう。自分のものとは違うものを食べても、みんな同化するんですね。自分の栄養にしているわけです。これが自然の本当の姿でしょう。それを生活そのものとしてやっているのが日本人であって、日本人の根底にはそういう神道の考えというのがある。仏教が入ってきても、それを自分のものにして、さらに豊かに生きようとするわけです。そこが諸外国と違います。外国にもいろいろな宗教が入っていきますが、それらはみんな個々別々なんですね。

こういうことを言うとまことに申し訳ないんですが、日本の仏教は中国やインドなどの仏教とは性格が異なります。じっと見比べているとわかるのですが、あれは日本人が自分のものにしてしまった宗教なんですね。だから、神道と仏教とよく対比しますが、その根底に流れているものは同じなんです。

今のは一例ですが、日本人は、何でもかんでも取り入れて自分のものにするというすごい特色があります。世間では、物真似するとか、オリジナリティがないと日本をけなしますが、そうではなくて、これが本当なんです。排斥しない。何でもかんでも自分のものにする。排斥したら生きていけないわけです。

そしてこれが本当の神さまの世界です。神道があるから、仏教が入ってきても排斥しないで、これを自分のものに変えてしまった。たとえばお盆やお彼岸にしても、あれはもともと日本に古来からある祖先の供養です。いまの人は、あれは仏教の行事だと思っている人が多いんですが、これはもともとの仏教が変わってきた証のようなものです。

そのように、自分のものにして争わない。自分のものとして取り入れて、神道は神道、仏教は仏教としてあるけれども、日本のなかでは渾然となっているでしょう。ですから、いま神仏が別々になっても、祝詞をあげているお寺はいくらでもあります。春日大社でも、正月には興福寺のお坊さんが来てお経をあげています。そういうことは外国では考えられないことです。キリスト教の教会でお経をあげるなんていうことは考えられない。日本人は平気でやっています。それは何でも自分のものにしてしまうという、世界にまれなる特色があるからです。だから、仏さまも神さまも同じく大切にしているのです。

民族でもそうです。日本人というのは、北の方からも南の方からもいろいろな民族が入ってきたわけでしょう。それが一つに同化してしまっている。ところが、外国は違います。同じ国でもいろいろな民族がいて、同化しないから、いまだに民族同士で戦っています。世界中にいろんな民族がいて、国のたがはずれたらお互いに喧嘩しているでしょう。日本人はそうではない。これはまれなる民族です。

——そこには一種の寛容の心というか、そういうものが働いているのでしょうか。

共存ですね。日本人は共存しようとするのですね。これは人間同士だけではありません。自然やほかの動物とも、ともに生きようとする。だから、奈良のシカがよく言われますが、外国では動物は飼うんです。あれは共存しているわけではない。自分の利益のために飼っているんです。日本人は違います。動物と人間が一緒に生活している。その名残りが奈良のシカです。奈良のシカと人とはつきあいが長いですからね。道路でもシカは恐れもせずに悠然として横切っていく。そりゃもう、車はじっと待っているしかありません。けれど車はいくらシカが邪魔でも、クラクションを鳴らしたりしません。しょうがないなと待っている。お互いが相手を認め合っている。まさに共存ですね。いまは奈良のシカ以外はあまりありませんが、昔から動物と人間とは共存していたわけです。

そしてこのシカという生き物がまた予知能力がすごいのです。いまでも鳴き声とか何かで、これから嵐があるとか、地震があるとか、そういう天変地異を告げていると思うんです。今の人間はそれがわからないだけなんです。昔の人はそれがわかったから、シカの鳴き声や様子を見て、天変地異を知って対策をする。そうやってシカに守られていた。その代わり今度は人間がシカを守る。神の使いだということで、シカを殺してはいけない。また、人間がいるからほかの動物もシカを襲わない。シカも人間に守られている。お互いに共存ですね。そうやって関係が続いてきたと思うのです。

外国でも、公園に動物がいるところは沢山あります。しかしこれはただ公園にシカがいるというだけです。ところが奈良のシカは人間が飼っているわけではありません。シカが春日の森にただいるというわけでもありません。人間とシカが共存しているのです。しかも山奥ではなくて都会のど真ん中で共存しているのです。これは世界で唯一、奈良だけです。

皆さんは奈良のシカは人間に馴れていると考えておられますが、決してシカは人間に馴れているから春日の森の中で生活しているのではありません。人間がシカと共存しようとしているからなのです。

年の暮れ、私の宮司官舎には毎年、立派な門松が飾られます。家内が、きれいな門松が置かれているからあなた見てごらんなさいと言って家に入ってきたので、私が門松を見に行ったら、もう門松にある葉牡丹の葉がシカに食べられていました。しかし、別にどうということもありません。奈良の人たちはシカと一緒に生活しておりますから、家の盆栽を食べられても別に腹を立てないのです。だからシカは奈良にいるのです。以前、地方の春日神社から奈良のシカを数頭分けて欲しいという申し出があったのでシカを持っていって、その神社の境内に放してみたら、いっぺんに逃げて山に入ってしまったそうです。その神社の宮司さんは、シカが人間に馴れているから境内にいてくれると思ったようです。しかし、その地方の人々にシカと共存しようとする心がないから、いっぺんで逃げてしまったのです。これを見ても、昔からシカと共存し続けてきた奈良の人々の知恵は素晴らしいと思うのです。

仏教でもそうです、何でもそうなんですね。日本人は共存する。ですから、昔は自然でも破壊しなかった。畑はつくっても、必ず森は残したわけでしょう。生物も生き、人間も生きるという共存の世界をずっと続けてきたんです。いまはめちゃくちゃになってしまいましたけれども。

神道のこころ

——ところで、我々は神道の神さまをどんなふうに考えたらいいのでしょうか。

神というのは敬語です。キリスト教ではゴッドですね。外国人は神というと全知全能の神を想像するそうですね。ところが日本人は、もとの大神さまは天之御中主神《あめのみなかぬしのかみ》といって宇宙の中心におられる。その神さまの心でこの世の中ができていく。しかし、それを具体的に人間の世界に現わす神さまがたくさんいらっしゃるわけです。

『古事記』のいちばん最初に、天之御中主神という神さまが宇宙の中心におられると書いてあります。それから、結びの神とか、いろいろな神さまが出てこられ、自然のいろいろのものをお産みになります。

——八百万《やおよろず》の神といいますね。

ええ。天之御中主神のお心を具体的に表現する神さまは、たくさんおられるわけです。だから、神道は八百万の神を祀っているのです。全知全能というのではなく、神さまそれぞれに受け持ちが違うんですね。ですから、商売繁盛の神さまとか、交通安全の神さまとか、いろいろ言いますでしょう。このように神さまによって、それぞれのご神徳が異なるのです。

前にも述べたように、春日大社の香取・鹿島の神さまというのは、天照大神のご命令で、国を精神的に治めようとしてお呼びした神さまです。天児屋根命という神さまは、もともとは高天原で神事をやっておられた、藤原氏の祖先神です。祭りを通して日本の心の伝統、神の心を伝えている神さまですね。なぜ祖先を祀ったかというと、我々は神の恵みと祖先の恩によって生かされているという、日本人の古来の考え方に基づいて、香取・鹿島の神さまと、祖先神である天児屋根命ご夫妻をお祀りしたのです。そして神さまのお恵みは、祖先が代々伝えた歴史を通して、我々に入ってくるのです。

――ところで神社では神職の方々がいて、我々世俗の人間と神さまとの間を取り持ってくださっていますね。

ええ。この神職というのは、常に身を浄めてお祭りに奉仕し、神さまがお喜びになることをひたすら行なって、神さまが多くの人々にお恵みを与えてくださることを願い、また神さまと人間との間を取り持って神さまにお祈りする役をしています。神職というのはそういう仲取り持ちです。仲を取り持つ、それがご祈禱です。自分でやったほうがよさそうなものですが、人々の願いを取り次いでいるわけです。

ですから、これも、直接よりも分担して行なったほうが、神さまに通じるという考え方です。そのために潔斎して身を浄める。そうでなければ神に通じない。それをやっているのが神職なんですが、残念ながらいまは神職も生臭さになっている（笑）。本当はのべつまくなしに潔斎して身を浄めていなければいけない。そうして日々の生活にも充分気を配っていかないといけないんです。

ところで私は、現在は宮司をしていますが、別に神職になってから急にご奉仕をはじめたのではなくて、小さい頃からずっと神さまごとに関わってきました。それというのも、これまでに神さまのお知らせとしか思えないようなことが何度もあったからなんです。

神職になりたての頃のことです。お社を新しく作り替えるとき、一時的にお移りいただいている神さまに、新しくなったもとのお社にお帰りいただくご遷座祭というものを行ないますが、これは真夜中にお祭りを奉仕します。当時は医者でもありましたから、昼間病院で仕事をしてからのことで、とても疲れます。

ある神社のご遷座祭を奉仕した後、他の神職さんは着替えて、自分の装束を奇麗にたたんで帰るのに、私はあまりにも疲れていたから、申し訳ないことだとは分かっていたので

春日祭・和舞

すが、神職の装束のまま車に乗ったのです。大阪の環状線に入って大きなカーブでハンドルを切ったら、後ろから猛スピードの車が、私の車のどてっぱらに突っ込んできました。その瞬間は何が起こったのか分からなくて、相手の車は大きくスピンして前に吹っ飛んでしまいました。乗っていた二人は投げ出されて、私の車がそこに突っ込んで行きました。あまりにとっさのことでよけきれなくて、「これは絶対に二人をひいた」と思ったのですが、不思議なことに車は二人をよけたので助かりました。私の方の車はドアも開かないくらいつぶれてしまい、はじめ運転手は死んだと思われていたようです。しかし何とかドアを切り開いて出してもらえた私が、かすり傷一つなくて神職の装束を着けていたのですから、警察に職業を聞かれて「医者です」と答えても、信じてもらえませんでした(笑)。

それから、車を道路においておくわけにはいきませんから、おしゃかになった車を取りあえず勤務先の病院に運んでもらいました。車を病院の駐車場に置いたまま、私は自宅に帰ったのですが、次の朝一番にきた看護婦さんがその事故に遭った私の車を見て、てっきり「院長先生は死んだ」と思って、大騒ぎになってしまいました。

後からその車を見ると、よく私は命があったなと思いましたし、相手方のカップルが助かったのも、神さまのお力としか思えないほどの事故でした。そもそも事故に遭ったのも、私がお祭りのあと、装束のまま帰ったことを神さまがお叱りになったのでしょう。もうそれ以来、どんなに疲れていても、お祭りごとに関しては決してそういう手抜きをしなくなりましたね。

これだけではなく、普通の考えでは理解できないようなことがたびたび起きるので、そのたびに「神さまというのは本当に自分の身近にいらっしゃるんだな」としみじみ感じるのです。ただ見えないだけで、神の世界はすぐそこにあります。特に神社は、神さまに一番近いところにあるわけだから、そこで神の世界が見えないという方がおかしいわけでしょう。ありがたいな、こんな自然に囲まれたところでご奉仕させていただいて嬉しいな、といつも思います。言葉で表すことはとてもできませんが、目に映る世界ではなく、まず原点にかえってお参りをし、お祭りを行なうことで、本当の神の世界というものをかいま見る。そういう、神さまと人との間を取り持つ人が神職であり、そういう場所が神社なんですね。

——ではその神道と日本人の生活というのは……。

それは水のようなものでしょう。水はどんな形にも変化しますが、これは人間も与えられた環境に応じて、適応していかなければならないことを教えてくれています。また水はすべての生物にとってなくてはならない大切なものですが、自分の姿を見せず、「オレは水なんだぞ」と自己主張しない、我をださない摩訶不思議な存在でしょう。これは、空気と同様、この世の中で一番大切なものというのは、目では見えないものであることを教えてくれているのではないでしょうか。それはまさしく神と呼ばれるものに当てはまります。我々は神さまのご加護によって生かされているのに、現在の日本人は、その見えない力を忘れてしまっています。そういうふうに神さまのことを、水という姿でもって考えられると私は思っています。

そして神道というのは宗教という範疇《はんちゅう》を超えた、日本人の生活そのものだと私は思うのです。この神道を離れた生活というのは日本人にはないわけです。神さま、あるいは祖先を氏神さまとして祀り、そのおかげで生かされている。これが基本です。すべてこれなんですね。

ですから、祭りをやって神さまに感謝し、ご祖先に感謝する。そうすれば、神さまは我々を助けてくださる。だから、祈願するのではないのです。ただ神さまをお喜ばせすることだけを考えることが大切です。自分のことを考えるのではないんですね。

第二章　自然のこころ

山と川の日本列島

——先ほども、山についてのお話を踏まえて、日本の自然のすばらしさについてお話がありました。

神さまは、神の世界を見てそれを表現する人間という生物をつくろうと考えられて、百五十億年たっていろいろなものができてきた。だから、日本列島も偶然できたのではなくて、神の導きからできたのだと思います。いまの地質科学的にいうと、いまから千五百万年前だかに、大陸から日本列島が分かれたと言われていますね。結局、北のほうから大陸が分かれてきたのと、南のほうからの動きがぶつかった。そのぶつかったところが山になって、大陸ではなく、日本の細い列島の中央に山脈が存在することで、そこから日本海と太平洋の両岸に多くの川が流れるようになった、まさに奇跡的な地形です。その日本列島に日本人という民族ができたのも、神さまのご意思だと思うんです。

そして、温帯という気候の温暖な地帯で、しかも南方からの湿った空気で雨が多い。そういう条件の結果、水が豊富で緑の多い、世界でもまれなる最高の条件の日本列島というものができてきた。これはまさに神さまのお恵みです。その日本列島に何万年も人間が住みついて、だんだん日本人という民族ができあがってきたということですね。

先日の新聞に、ある虫の研究について書いてありましたが、シベリアから中国大陸にかけてオサムシという虫が太古から棲んでいた。当然、この大陸から分かれる前の日本列島の上にも棲んでいたわけですね。それがいま言ったように、千五百万年前に大陸から日本列島が分かれたわけでしょう。同じ虫がその上に乗っかって分かれてきた。そして、千五百万年たったわけです。

ところで、日本にマイマイカブリという日本固有の虫がいる。それについてDNAなどを調べたら、そのオサムシとマイマイカブリというのはまったく同じ虫だったということがわかった。ということは、この日本列島が分かれて千五百万年たったら、もとは同じ虫だったけれども、それがまったく違ったマイマイカブリとオサムシという虫に変わっていたということがわかったわけです。

これはどういうことかというと、日本人は昔は大陸にいたんだけれども、それが日本列島に住みついて何万年もたったら、ほかの民族とは違う固有の日本人ができてきたという一つの証拠で、虫からそういうことがわかったということが、新聞に書いてありました。

私もそうだと思います。神さまがこういう自然に恵まれ生命にあふれた最高の列島に、人間を何万年も住まわせて、日本人をつくられたのではないでしょうか。そして、本当に自然に恵まれて、自然に生かされているという環境に育ったために、神さまやご祖先に生かされて生きているという神道に見られるような、日本人独特の性質というか、ものの考え方ができたのではないかと思います。

その結果、本当のこというか、神さまの「人間をつくろう」という目的にいちばん沿うような民族ができあがってきたのではないでしょうか。これは偶然ではなく、必然性があってできてきたのではないかと思うのです。

別にほかの国が悪いと言うわけではないんですが、やはり環境が厳しい。厳しい環境の中で出てきた国々が多いんですね。すると、その厳しさを克服しないと生きていけない。そういう環境に育つと、人間の力で自然でも変えよう、自然をも征服しよう、厳しさを克服しようという考え方ができてくるわけですね。

つまり、最高に恵まれた環境の中にいたから、日本人独特の考え方が育まれてきたわけです。その中でいちばん重要なのは、すべてのものと共に生きようという、世界でまれなる共存の生き方が生まれたことです。

ところで、夜空に輝く星を見上げると、だれでも美しい、すばらしいと感動する。そこには何の飾りもない。ただ暗闇に星が輝いているという、まことにシンプルな世界なんですが、そこにすばらしさを感じる。これが神の世界、神の美だと思うんですね。そういう美に対する感覚が日本人は非常に鋭い。このシンプルさが神道の原点でもある神の美そのものでしょう。そこに見られるのは、いわゆる「道」という考え方です。剣道とか、柔道とか、弓道とか、茶道とか、ただ剣をよくするとか茶をよくするとかではない、こういう道という理念というか信念、これはまさに神道に通じる独特の考え方なんですね。

たとえば剣といえば相手を殺す武器です。ですから、外国の剣はいかにしたらよく敵を殺せるかを目的につくられている。ところが日本の刀は、もちろん武器ではあるけれども、その敵を殺す武器にすら美をあらわそうとする。だから、いま国宝、重要文化財に指定されるほどの美しい日本刀がたくさん存在します。単なる武器、単なるモノではありません。これが外国人と日本人のまったく違うところです。武器からも、神の美を見出そうという独特の考え方が日本人にはあるのです。こういう点もやはり日本列島という恵まれた環境に何万年も育った結果、生まれてきた独特の考え方なのでしょう。

日本人というのはもともと大陸から日本列島に渡ってきたのだろうけれども、そこに大陸からも南方からも、いろいろなところから多くの民族が入ってきたと思うんです。それが本当に溶け込んで共存してしまって、もとの民族同士の対立というのは見られない。ですから、自然と共存する、あるいはほかの民族とも共存する。これは、そういう共存というすごい能力を日本人が持っている証だと思うんですね。

何とでも共存することで、その調和の中から神の世界の美を見て、それを表現するために、日本語というすばらしい言葉が発生してきたと思うのです。ご存知のとおり、日本語というのは西洋の言葉とまったく違う言葉です。外国語は主語があって、動詞があって、目的語が来ますが、日本語というのは文体の構造が違う。動詞が最後に来る。そういう文体の考え方が違います。

さらに英語なら、アルファベット一つ一つには意味がないから、それをいくつかくっつけて単語をつくって、言葉をつくる。ところが日本語は、アイウエオの一言一言に意味がある。全然違うんですね。そうやって一言ずつに意味をつけて、神の世界を表現しようとしたのが日本語だと私は思っています。

——日本語まで話がいきましたが、もともと日本人のものの考え方の中には、一種の自然信仰みたいなものが基本的にあるんでしょうか。

ええ。神道はシャーマニズムだとか、あるいはあらゆるものに神を見る自然崇拝の信仰だとか、そういうことがよく世間で言われています。しかし日本古来の神道というのは、外国人がいう宗教、信仰という枠組みでは理解できません。神道というのはそういうものではなくて、生活そのものが神道なんです。生活を離れた信仰というのは日本人は持っていないわけです。

外国人から見ると、それが自然崇拝やシャーマニズムに見えるけれども、日本人はそういう信仰というのは持っていない。日本人は信仰がないとか、信心がないと言われるけれども、その意味ではまったくそのとおりであって、外国人のいう信仰、宗教は日本人はもともと持っていないわけです。生活そのものが神を祀り、祖先を祀り、それによって生かされている。これが日常の生活で、日常と離れた信仰というのは日本人にはないから、あまりこれを宗教とも考えてこなかったんです。そのように考え方がまったく違うわけでしょう。

ですから、先ほど言ったように、祈るというよりも、ただ感謝する。あとはすべてお恵みによって生かされているというのが、日本人なんです。「いのる」というのは、「い」というのは命、生きる知恵のことでしょう。「のる」というのは、宣言の宣ですから、神さまのおっしゃる言葉が伝わってくるということです。

ですから日本語の「いのる」というのは、願うという意味ではなくて、神さまからの命、生きる知恵が伝わってくるというのが、日本人の「いのる」という言葉のもともとの意味なんですね。今の人が言う「祈る」とは意味が違ってきています。だから、もともと日本人は、外国人に比べ、個人で願うということはしていないわけです。生活そのものが祈りだったのですね。

――なるほど。ただ、日本人の生活もかつてと違って、都市中心の生活になってくるとか、かなり生活のあり方自体も違ってきていますね。そういうことはいろいろな影響を及ぼしてきているのでしょうか。

そうですね。本当の日本人の生活というのはおそらく、縄文時代の約一万年の歳月を日本列島で生活しているうちにできてきたものですが、これも縄文時代で最後ではないか、と思います。弥生時代になると、大陸からいろいろな文化が入ってきた。とくに漢字がそうですね。それから日本人本来のものはだんだんと消えていったのではないかと思います。大陸から文化が入ってきて、世間でいう文化、文明は進歩したかもしれないけれども、日本人本来の姿というのはだんだんと消えていって、そして戦争に負けてからはまったく消えてしまった。いまはそういう状態ではないかと思います。

だから、本当の意味で日本人が消えはじめたのは、この戦争ではなくて、もう弥生時代から始まっている。だんだんと消えてしまった。文明が発達すれば発達するほど、日本人の本来の姿がなくなってきたわけです。そして、いまはほとんどゼロに近い状態になってきているでしょう。

縄文時代までは、日本人の精神的な生活は最高の状態であったけれども、そこに外国から文明・文化が入ってきて、確かに文明・文化が発達したけれども、残念ながら日本人の心は消えていった。そして、まったく消えてしまったのが現在でしょう。ここでもういちど原点に返って、またあらたに文明と日本人の心がともに共存する世界が、これから出てくるのではないかと思いますし、また出てきてもらわなければ困ると思っています。

神さまはなぜこの戦争に負けさせたのか。それには理由があると思うんです。文明と日本人の心というのは反比例してきたわけでしょう。最後に戦争に負けて、すべてのものを日本人に捨てさせて、原点に返ってまた本当の姿が出てくる。そういう神さまのお導きではなかったのかなと思います。

ですから、いまは原点に返らなければいけないわけでしょう。このまま行ってしまったら、まったく日本人らしさはゼロになってしまいます。ここで原点に返って、文明・文化と日本人の心が一つになったとき、本当に世界にまれなるすばらしい人間になるのではないかと思うのです。

人知・文明の意味するもの

――そうすると、文明とか文化というのは、そういう意味ではよろしくないものであると。

文明・文化が悪いというのではなくて、いつも言うように、神さまが神の世界を表現するために与えられたのが人間の知識であり、その結果として文明・文化が現れてきたのだから、あれは神さまの世界を表現するためのものなんですね。それを人間が勘違いして、自分の欲を満たすためのものが文明・文化であると考えたところに、間違いが起きてしまったのです。

神さまのお心は、人間だけではなく、動物だってすべて、神の恵みを受けていますから感じているんですが、動物はそれを表す知識がないから表現できない。ところが、神さまは人間に知識というものを与えて表現できるようにされたわけでしょう。大きな脳とか、言葉とか、器用な手とか。それを人間は勘違いしてしまって、神さまの姿を表さないで、自分の欲のために好き放題に使った。その結果が現在になったわけです。とくに欧米人の文明・文化は、神さまと日本人との生活に全く反しているのにそれを真似してしまったんですね。

欧米人たちは、文明・文化を発達させましたが、反面、精神的な生活は薄れてしまったでしょう。反対に自然の中で今でも質素な生活をして生きている人たちは、とても高い精神的生活を送っているけれども、我々の考えるような文明・文化とは縁がない。私はこの両方を持っている民族が日本人だと考えています。今の日本人は、文明・文化の中にどっぷりつかって生活していますが、我々の祖先から受け継がれてきた伝統、日本人の心を取り戻して、この二つを調和させることができたらすごいことになると思います。いやそれをやらなきゃいけない。それをやって世界の人のお手本になること、そのための日本人に神さまが作られたのだろうと思います。

ですから、それに気がついて、文明・文化を神さまの世界を表すためのものとして使ったら、最高のものが出てくると思うんですね。私はもうすぐ人間も気がつくだろうと思うんです。神さまはまったく違ったいくつかの人種をつくられたけれども、それぞれ一長一

鹿の苑

短ありますから、それがここで共存したときに、はじめて本当に人間の生活というのが出てくるのではないかと思うんです。ですから、なぜ白色人種ができたのか。なぜ黄色人種ができたのか。なぜ黒色人種ができてきたのか。なぜ人間はできてきたのか。それはそれぞれ目的があって、できてきたわけでしょう。なのに歴史をみんな知ろうとしないから、現在の知識だけで考えるから間違ってしまうんです。

一例をあげると、笑いたくなるような話ですが、日本人のタレントや何かで、サングラスをかけるのがいますね。しかも、昼間の家のなかで、あるいは夜の舞台で、サングラスをかけているのがいる。それは一つのおしゃれでやっているのだろうけれども、そもそもサングラスというのは何かということです。

白色人種というのは色素が少ないわけでしょう。かれらはもともと北欧の民族ですからね。太陽の光があたっている日が少ない。だから、ああいう人たちは夏は海岸で熱心に日光浴をやっているでしょう。太陽があたる時間が少ないから、メラニン色素が少ない。だから、眼も青い。そういう人が強い紫外線にあたると目がやられるから、サングラスをかけるんでしょう。

ところが、黄色人種や黒色人種は紫外線の強いところに長年生活しているから、それを防ぐためにメラニンがいっぱいできているわけでしょう。だから、眼も黒い。紫外線には強いんですね。そういう人間がサングラスをかけるというのはおかしいんです。しかも、夜ですよ、家のなかでサングラスをかける（笑）。

そういう人間の歴史をまったく考えていない。たとえば日本人は戦後、歴史というものをあまり教わらないでしょう。現在の知識だけでやるから、そういう滑稽なことがおこるんです。それは一例に過ぎませんが、なぜ人種の違いができたのか。この原因を知らないから、むちゃくちゃな生活をするわけです。

もうひとつ、北欧のほうでは寒くてエネルギーが必要だから、肉を食べるわけです。ところが、日本は温帯地方です。自然に恵まれているのだから、肉を食べるようにできていない。肉を食べないで野菜を食べて生きられる。日本人はそういう体にできているわけです。それを、ただ外国の真似をして戦後、肉ばかり食べていたら、これは体がおかしくなるのは当たり前です。そういう体ではないんですからね。すぐ外国の真似をして、今まであったものをまったく省みないというのは間違っています。日本人は日本人の生活をするのが当たり前の話なんですね。

ですから、特別なことを言っているわけではない。当たり前のことを言っているんです。

我々は日本人だから、原点に返って、日本の言葉をしゃべり、日本人の生活をしよう。これがまず健康の第一でしょう。いまの日本人は、医療費に何兆円もかかっている。このあいだ聞いたら、カナダの国家予算の何倍かだそうです。日本人は医療費だけに一国の予算の何倍かを使っている。そういうばかげたことをやっているのは生活が狂っているからですね。

日本人の生活をしていないから、外国の栄養食ばかり食べているから、病気になるのは当たり前なんです。だから、まず昔からやってきた日本人の生活をすれば、病気が減る。そうすると、医療費が格段に減る。税金が少なくなる。こうなるわけでしょう（笑）。どうしてそれがわからないのかということです。

――そうすると、さかしらという言葉になるかもしれませんが、やはり人知とか人為というのはいかんものであると。

ええ。人知・人為というのは、本当は神の世界を表現するための知恵が人知であり、それを表現する行ないが人為なんです。ところが、それをやらないで、個人の欲を満たすために知恵を使うから、人知・人為が間違ってくる。人知・人為というのは、神さまが人間に与えられたことだから、悪いことではない。これは、神の姿を表現するために使うように与えられたものなんです。それを全部、自分の欲のために使ったから間違ってきてしまったわけでしょう。人知・人為が悪かったら、神さまは人間にそんなものを与えるわけがない。何度も言いますが使い方が間違っているんですね。

ですから、自然と共存するといっても、ただ草ぼうぼうがいいということではないでしょう。手は入れて、しかも木が茂るように手を入れる。これが人知でしょう。それなのに、手当たり次第に木を切り倒してしまった。それは間違った人知です。木でも、間引かなければ太くならないでしょう。たくさんあったのでは太くならない。そのために間引くというのが人知なんです。これは自分のためにやっているのではない。植物を茂らせるために間引くわけでしょう。これが本当の人知なんです。

ところが、太い木も全部切ってしまった。これが人知の間違いなんですね。すべては神の世界を表すために、自然と共存するというのが本来の姿なんだから、そのために人間の知恵を使うのが人知だと私は思います。

宇宙の成り立ち

――人知・人為の使い方が間違っていると。ちなみに江戸時代に本居宣長という人がいて、日本人の心を取りもどそうとされたと……。

本居宣長は立派な学者で、いまと同じように、江戸時代、儒教という外国の学問ばかり勉強して、それでみんな日本人の心を失ってしまった。そこで日本人の原点に返ろうということで、『古事記』の解釈をされたのです。『古事記』は、今から千三百年くらい前に、大陸からいろいろな文化が入ってきて、このままでは、日本人の本当の心が失われてしまう、今のうちに記録に残しておこうということで記された書物です。どの時代でもみんな同じなんですね。この『古事記』には日本人の心が宿っている。これは本当にすばらしいことだと思います。ところが一つ問題がありまして、本居宣長は『古事記』の心を解釈しないで、文字を解釈してしまった。そう言ったらまことに失礼ですが、本当の『古事記』の心、日本人の心は表していないわけです。

だから、いま私がやろうとしているのは、文字ではなくて、文字の奥で稗田阿礼が何を伝えようとしたのかということです。日本人の心を表しているのが『古事記』なんですから、文字には出てこない文字の裏にある心を表そうというわけです。これはなかなか難しいことです。たとえばいちばん最初のところは、「天地《あめつち》初《はじめて》発之時《ひらけしときに》於高天原《たかまがはらに》成《なりませる》神名《かみのなは》天之御中主神《あめのみなかぬしのかみ》」となっています。これを漢字では解釈しようがない。いちばん最初に高天原に天之御中主神という神さまがいらっしゃったという以外に、解釈しようがないでしょう。

しかし、これはすごい意味を持っているんです。先ほども言ったように、百五十億年前の宇宙がビッグバンで膨張する前に、天御中主神のお心があったということを、その一行で表しているんですね。真実を表しているんですよ。科学も何もない時代に、どうしてそういうことを知っていたのか。百五十億年前の宇宙のはじめのことから、『古事記』は言っているわけです。すごい発想なんですね。けれどもこういうのは漢字の解釈だけをしていたのでは出てこないんですね。

——いまお話が出ましたが、そもそも宇宙というのはどんなふうにして成り立ってきたのですか。

わかっているのは、百五十億年前にビッグバンという現象で宇宙が膨張して、モノというのができてきたわけでしょう。その前には本当に無の世界があったに違いない。最初からモノがあったということは考えられない。無の世界に何があったかというと、先ほど言ったように、神の世界を認めさせ、それを表現する人間という生物をつくろうという神の心があったということです。それがあったからこそ、ビッグバンがおこったのです。

そしてこの大爆発が起きて、いちばん最初にできたのが素粒子です。いわゆる神さまのお心が波動となって流れだし、そこから陽子、中性子などの素粒子ができてきた。それから電子ができる。その陽子と中性子のバラバラになっていたのが、バランスを取って核というものになったわけです。今度は核が電子とバランスを取って、物体のはじめの原子というものができた。今度は原子が集まって分子ができて、モノというものができて、たくさんの星が宇宙に誕生し、その中の一つとして地球ができてきたわけです。

ここで問題は無から有ができるのはどうしてかということです。それは、つまりゼロは無限大を掛けてもゼロである。ゼロを一にするにはどうしたらいいかということなんですね。そのゼロというのはどういうことか。これは「0」というゼロの形、つまり楕円形で表現される何か、ということなんですね。太陽の周りを地球が回るけれども、楕円で回っていますね。なぜ楕円形なのか。実はこれが宇宙の原理です。

何もないゼロだったら、爆発しても何も出てこない。その何もないゼロではなくて、そのなかに無限の神秘を含んだゼロになると、楕円形になるわけです。

ビッグバンで爆発するのに時間がどれぐらいかかったかという計算をした人がいます。

それが二十マイクロ／秒というんだそうです。一マイクロ／秒というのは、百万分の一秒です。その百万分の一秒という考えられないような瞬間に、無から素粒子ができてくる。百万分の一秒ののちに、陽子、中性子、電子ができてくる。それがゼロが一になる一瞬なんですね。そのためには大爆発のエネルギーがないといけない。そういうエネルギーがないとゼロから一にならない。そういうことがわかったそうです。

――でも、本当にゼロが一になるというのはたいへんなことですね。一が二になるというのは、一を足せばいい。

ええ。ゼロが一になるというのはたいへんなことです。それを神さまがやってのけたわけです。ゼロが一になる。我々はゼロは無限大を掛けてもゼロと習ったでしょう。それを神さまは、ゼロから一をつくった。これがどんなにたいへんなことか。つまり神さまが人間をつくるというのは、どんなにたいへんなことかということなんですね。

そしてこのゼロに含まれる無限の神秘が命なんですね。命によってゼロから一になった。命というのは神秘的なものだけれども、そういう神の知恵というか、ゼロから一をつくろうというのが命なんですね。

――命というのは日本語ですね。

あれは漢字で書くからわからないのであって、「いのち」でしょう。「い」というのは生きる。「ち」は知恵です。つまり生きる知恵です。どうやって生きたらいいかというのが、「いのち」なんです。だから祖先からずっとみんな母親が子供に「いのち」を伝えているでしょう。どうやってものを食べたらいいか、どうやったら敵から逃れることができるか。これは知恵ですね。これが「いのち」です。いまお母さんは子供に「いのち」を伝えていない。知識ばかり教えていて、「いのち」を伝えていないでしょう。「いのち」というのはそういう生きる知恵です。

神さまが人間を百五十億年前につくろうとなさった知恵から無限の星ができ、太陽ができ、地球ができ、生物が生まれ、人間ができてきたわけですから、それがすなわち「いのち」ですね。

——いま、お母さんの話が出ましたが、そのお母さんという言葉にも意味があるそうですね。

ええ。お母さんの「か」という字はどういう意味かというと、すべての命を包み込むという意味なんですね。母親というのはすべてのものを子供に伝えるんですから、母親の体というのは丈夫な子供を産んで育てて、すべて自分の持っている命を子供に伝えるようにできているんです。これが「おかあさん」なんですよ。だから、すべてを含んでいるのが

「か」なんです。命をくださることがお母さんです。

また、これは神なんです。「かみ」にもいろいろ意味がありますが、その一つが、すべての神秘を含んだ「か」ということです。「み」というのは一つは「満ち満ちた」という意味。それから「身」、そういうお方という意味があります。

たとえば海というのは、「う」は生まれる、「み」は満ち満ちている。だから海というのは、ここから生命が生まれ、満ち満ちたところという意味なんです。

そういうところから「かみ」とは、命のすべての神秘を含んで満ち満ちたお方さまということです。すべての神秘を含んだ尊いすばらしいお方さまというのが、「かみ」という言葉です。あまりにもすごい「かみ」だから、それがしだいに敬語の意味を持つようになったのです。ゴッドではない。それが日本語の「かみ」です。「か」というもののすごさが日本語なんです。これに漢字をあててしまうからわからない。日本語は一言一言に意味があるんですね。

——そうすると、一切が「か」から始まるわけですね。

そうです。アイウエオから始まりますが、発音は「か」からです。「か」は、はっきり発音しにくいですからね。「か」ができなかったら日本語がしゃべれない。いまはまともに「か」が発音できる人がいないでしょう（笑）。いい加減に発音している。抑揚のない「おかあさん」ではなくて、「か」にアクセントをつけて「おかあさん」といわなければいけない（笑）。

このあいだ聞いたのですが、ある人が音楽大学で声楽を学んで、さらに勉強するためにイタリアに留学したそうです。そこで有名な先生についてレッスンを受けたとき、最初に「あなたは『か』の発音がおかしい。基本的なことができていない」と指摘され、音楽をやる以前に「か」の発音練習をずっとさせられたといいます。

形成外科医でもある私が一番おおく手術したのは、口蓋裂といって、口の中の上顎がぱっくり割れている子供の患者さんです。この患者さんの口を開けてみると、上顎から、のどちんこの方まで割れていて、鼻につながる気管が見える。そこから空気がスースー抜けていくから、しゃべることができないんですね。これを医者のほうが寿命の縮まる思いをしながら縫っていかなくちゃならない。私の場合七時間くらいかけて閉じていきます。

でも、手術が成功したからといっても、すぐしゃべれるわけではないんです。普通は、大学病院でこのような子供を集めて専門の先生から発音を習って、ようやくしゃべれるようになるんです。けれど私はそんなことをしたら、子供心にも「自分は他の子供とは違うんだ」と思ってしまい、これがその子の一生にものすごくマイナスの意識になってしまうから、そういうことは一切しませんでした。その代わりに、家でお母さんが、普通の子供さんと同じように言葉を教えるようにしてくださいと言ってきました。子供というのは何でも大人の真似をしてものを覚えていきますから、言葉にしても、一番長く一緒にいるお母さんから教わるのです。そして、私が何を言ったかというと、「おかあさん」です。発音がむずかしい「か」の音を含んでいて、子供にとって一番身近な言葉「おかあさん」を正しいはっきりした発音でずっと子供に聞かせ続ける。こうすると必ずしゃべれるようになるんです。

リサイクルと抗菌グッズ

――なるほど。お話をうかがっていると、個々を超越したスケールの大きな存在を感じますね。しかしいまの日本人は、個人の我欲に引っ張られて、無心とか無我ということを忘れているということでしょうか。

先ほども言いましたが、西洋の文化の真似をして、今日まで来てしまったわけです。外国のほうがいかにも文化がすぐれているように思って真似をしたために、日本人の心がなくなってしまったという状態なんです。ただしなくなったのではなくて、ただ忘れただけですから、原点にかえってもう一度思い出そうというのが、いまなんですね。その記憶は遺伝子のなかに入っている。だからもう一度思い起こせと。我々は遺伝子のなかに記憶を持っていますから、日本人だったら思い出せるわけです。本来みんな持っているものだから、無我になり、感謝の心を持ってよみがえらせてくれればいいわけですね。

――どのようにしたら、そういうことができますか。

昔から仏教でも何でもさかんに坐禅をしたり行を積んで、無我ということを長年求めてきているけれども、それはむずかしいですね。私が医者で手術をしていたときでも、患者さんに心からその病気を離してくれと言うわけです。病気をつかんでいる人は、どんなにいい治療をしてもいい結果が出てこない。いま病気で悩んでいるでしょう。この悩みを心から離せといっても、ちょっとやそっとでは離れられない。

そこで、祓いなんです。祓いというのは、我欲を消すということです。というのは、物体を消そうといっても、これを粉々にしてしまってもそれは小さくなっただけで物体は消えない。これを消そうと思ったら、これをほかのものに変えなければ消えないでしょう。

たとえば、葉は炭酸ガスを酸素に変える。そうすると炭酸ガスが消えるわけです。消すというのはリサイクルであって、これ以外に消す方法はありません。

ですから、患者さんにつかんでいる病気を離せといっても離さない。そこでリサイクルしなければいけない。それで私がやったことは、神さまに感謝するということです。病院に神棚をつくって、さあ手を合わせて神さま、ご先祖に感謝しましょうと言う。感謝のほうに変えるわけです。そうすると、病気をつかんでいた心が神さまのほうによみがえるわけでしょう。病気を離せと言っても、離れられない。それを感謝の心によみがえらせるわけです。そうすると消えるんですね。

悪を消そうといっても、たいていのことでは消えない。これを神さまのほうによみがえらせない限り、悪は消えないんです。それをいまの人間は理屈でやるから、悪を粉々にして消そうとしている。悪人をどう責めて罰してみたところで、世の中には悪人が絶えないでしょう。それを神さまのほうによみがえらせてはじめて悪というのが消えるわけです。だから、総理大臣をいくらたたいてみても同じです。だれが変わっても同じことなんですね（笑）。よみがえり以外に消える方法はないんです。リサイクルです。

人間はやっと最近リサイクルということに気がついた。これは神さまの導きによって気がつかされたのでしょう。昔は紙とか、木とかを使っていたから、そういうものは完全に土に還元する。土に埋めて肥やしにすればよみがえっていたわけです。だから、公害は起きなかった。

ところが、石油が出てきた。石油というのはそもそも何かというと、土のなかにたまった微生物の死骸でしょう。本当はモノというのは土に返らなければいけないものなんです。ところが、土に返らないで液体となってたまったのが石油です。それを引き出してきて、これでモノをつくったからよみがえられない。土にならない。そこで公害問題が起きてしまったわけです。

ですから、モノをつくるには土に返るものを使っていればどうということはないんです。ところが、ビニール製品はいくら捨てても土にならない。燃やして煙にしてみたところで、ダイオキシンなどの有害物質が出てしまって消えることがない。そこで公害問題が起きてしまった。よみがえりの知恵がわかっていたら、石油を使わないわけです。自分たちのエネルギーに便利だということで、引っ張り出して使ってしまった。それで自分で自分の首を締めて、公害に苦しんでいる。ですから、自然に返るものを使わなければいけない。自然に返るもので生活しなければ、公害が起きるのは当たり前です。

これはリサイクルですね。日本人は木で家をつくっているから、あれは本当のリサイクルですね。ところが、コンクリートではそうはいかないでしょう。

——ええ。粗大ゴミではないけれども、自動車でも何でも便利なんですが、それを捨てたあとがたいへんですね。

そうですね。なかなかリサイクルできませんからね。だから、便利なものにはものすごく害があることも多い。自分にとって便利だという我欲のためだけのものですからね。そういうものは必ず害がある。不便なもののようでもよくよく考えたら理にかなっているものはいっぱいありますよ。

このあいだも新聞に書いてありましたが、いま若い人はみんな携帯電話を持っているでしょう。一度あの電波に色をつけてみたらおもしろい（笑）。日本国中を色のついた電波が入り乱れる。それを見たら使わないだろうと書いてありました。目に見えないものだから使っている。目に見えても見えなくても電波が飛んでいるんです。

ビッグバンで最初にできた素粒子は波動です。すべての物体は素粒子からできている。素粒子から核ができる。これも波動です。原子も波動でしょう。それで我々の体ができている。つまり我々の体は全部、波動でできているんですね。それに電波という波動が当たっているんですから、体がどうかなりますね。

そういうことを考えないからいけない。単に電話会社がもうかるとか、電力会社がもうかるとか、企業の利益だけでしょう。そうやって、みんな自分で自分の首を締めているんですね。すべて我欲で利益ばかり追い求めるからでしょう。

――いまのままですと、どんどん自然も人間も破壊されますね。ばい菌とか細菌でも、最近いろいろな話を新聞記事でも見聞きすることが多いですね。

よくお話しするんですが、このごろ抗菌グッズというのがはやっているでしょう。何でもかんでも抗菌にする。トイレに行っても抗菌だし、抗菌の靴とか、文具、車のハンドル、肌着など本当にいろいろあるでしょう。結局あれは、自分で自分の首を締めていることなんですね。いま言ったように、世の中というのは共存なんです。ばい菌とともに生きなければ、人間も生きられないということです。

三十五億年間どういう生物が生き残ったかというと、進化した生物が生き残った。進化しない生物はすべて滅んでいるわけです。進化というのはどういうことかというと、第一に、昔からの伝統、歴史を受け継いで、これを次の世代に伝える。次に、地球のいろいろの環境の変化に順応して自分の体を変える。そして、環境の変化が去っていくのを待つ。

この三つをやるのが進化なんですね。

ところが、いまの日本人は歴史を受け継いでいない。順応していない。順応するというのは、たとえば氷河期が来て寒かったら、寒さに負けずにがんばろうというやつはみんな滅んでいるんです。つまり自分の力で自然を変えたり、自分の力でがんばるということではなくて、寒さに耐えるように自分の体を変える。毛をフサフサ生やすとか、脂肪を蓄える。そして寒さに耐える。これが順応です。そして寒さが去っていくのを待つ。これをやるのが進化です。これをやった生物が生き残るんです。

でも、いま人間は抗菌ということで、のべつまくなしに菌を殺そうとしているでしょう。そうすると、菌はそれに順応して進化してしまう。しかも、抗菌剤で菌を殺そうとすると、逆に人間の抵抗力がなくなってきてしまう。本当はばい菌にやられない強い体をつくるのが進化なんですね。それを薬でばい菌を殺すから、耐えることができない。

人間は全然進化していないわけです。苦しみ抜いて順応して耐えるということが進化なんですが、人間が薬で消毒するから、ばい菌は耐えて進化してしまっているんですね。向こうの進化のほうが速くて、病院に行っても薬が追いつかない。いま人間がつくった薬はお手上げの状態です。それは、なんでも抗菌ということをして、人間自らがますます菌を強くしてしまったのです。おそろしい状態です。自分さえ抗菌だからいいというけれども、これは自分のエゴイズムでしょう。それで結局、めぐりめぐって自分で自分の首を締めていく。これが抗菌グッズですよ。

腸にだって、大腸菌とか、乳酸菌とか無数の菌がいるわけでしょう。共生しているおかげで、菌が便をつくってくれるわけでしょう。菌を殺してしまったら、我々は生きられない。それで共存しているわけです。

私にはそのことで忘れられない話があります。小学生の頃、チフスが大流行しました。当時はチフスといえば死の病気ですから、たくさんの方が次々に亡くなっていくので、ある同級生は、ものすごく神経質になったお母さんの命令で、いつもアルコールを染み込ませた脱脂綿で手をふいていました。決して生水を飲まず、食事も必ず煮たり焼いたりしたものしか口にしませんでした。それなのに彼はチフスで死んでしまったのです。いつもチフスという病気のことを考えていると、心に病気をしっかりつかむことになり、また菌を殺すことばかりおこなうと、菌に対する抵抗力がなくなってしまうからです。何でもかんでも殺菌して、菌と共存して抵抗力をつけることをしなかったわけです。

——そうですか、つらい話ですね。ちなみに、抗菌グッズというのは、抗菌の薬をモノに塗っているわけですね。

ええ。そこでその菌を殺してしまうから、皮膚がかぶれてしまうんですね。本当は皮膚にも菌が共存して、いい菌がほかの菌を防いでくれているわけです。そのいい菌も殺してしまったら、体の抵抗力がなくなって結局悪い菌にやられてしまうでしょう。だから、抗菌の靴下でかぶれたり、抗菌マスクでかぶれたりする。当たり前ですね。共存ということを忘れてしまっているでしょう。菌だって、我々を守ってくれる菌がたくさんいてくれるわけです。だから、本当に全部消毒してしまったら、人間は死んでしまいます。

誇りということ

――みんな複雑にして生きています。良いと思ってやっていたことが結局自分たちを苦しめるというのは、シンプルではないというところがいちばん大きい問題でしょうか。

そうですね。シンプルのなかに神があるというのは本当なんですね。複雑にすれば害があるんです。便利、複雑というのは、必ず害が出てくるわけです。しかし、シンプルというのはいちばんむずかしいですね。

――春日大社の神殿についても、神殿の内部のシンプルさということをおっしゃっていますね。

ええ。これは口外できませんし、うまく表現できませんが、本当にシンプルの極致です。けれどそこでものすごい神のパワーを感じるのです。それを伝えてきた日本人というのは、すごいものだと思いますね。他の宗教だと神をあらわすのに、教えを説いたり、像をつくったりしてあらわしますね。ところが、神道は無で表現する。シンプルで形のないもので神を表す。日本人にはこういうすごい発想があるんですね。

像を見て拝んだりすると、それはそれでいい方法なんだけれども、それでは形というものにとらわれてしまうわけでしょう。そうではなくて、神道というのは形のない無の世界に神を見る。神さまというのはかたちがないんですから、かたちがないところに神を見るというのが本当なんです。

だから、祭りというのは、教えではなくて、行ないで昔の伝統を伝えているでしょう。理屈なく同じことを繰り返す。祭りは何をやっているかというと、神さまをお喜ばせすることだけをやっているわけでしょう。ただそれだけのことです。それを千年も二千年も繰り返している。神道というのはすごいものなんですね。

――神道では、先ほどからお話しいただいている共存とか、共生ということが、いちばん重要なことになるのでしょうか。

ええ、あらゆるものとの共存ですね。世界で人間が共存する。国際化というのは、みんな同じことをするのではない。日本人は日本人、中国人は中国人のそれぞれの個性を示しながら、お互いがバランスを取って生きていく。これが国際化なんですね。日本人が英国人の真似をして英国人の生活をするのは、国際化ではないんですね。これでは日本人という命が滅びてしまいます。

人間の体には無数の細胞があるでしょう。同じ細胞なんだけれども、同じ細胞が同じことをしたら、我々は一秒も生きていられない。目は目の働きをし、鼻は鼻の働きをし、胃は胃の働き、腸は腸の働きをしてくれなければ、全体のバランスが取れない。これが全部同じ働きをしたらどうなりますか。全部が腸の働きをしたらたいへんですよ（笑）。その場所によってグループが違う働きをして、お互いがバランスを取ってはじめて生きられるんでしょう。

世界の人間も同じですね。日本は日本、中国は中国、アメリカはアメリカとそれぞれ特色を示しながら、お互いがバランスを取ってはじめて人間というのは生きられるわけでしょう。そんな簡単な理屈がわからないんですね。

このあいだテレビの番組で、深海魚の特集をしていました。ちょっと前までは深海というのは光がささないので、あまり生命がないのではないかと言われていた。ところが、潜航艇が開発されて深いところまで行けるようになった。そうしたら、深海の世界でもたくさん魚が生きているということがわかったんですね。その深海にヘビのような、不思議な長い魚がいる。ところが、この魚がそれぞれの分節からなっている。塊からなっている。ちょうど、ここで一つ、ここで一つというふうに分節化されていて、その一つひとつがみんな生きている。たとえばこの一つは腸の生物、ここの一つは胃の生物というように、それぞれが独立している。けれども、単独では生きられない。その生き物が全部つながって、全体で生きている。そうすると、その全体で一つの生物なのか、その部分部分が一つの生物なのか、どう言ったらいいかまだわからないと言っていました。

これはすごいことですね。恐らくそれは生物の進化の原点を示していると思います。生物は最初はおそらくそんなふうだったと思います。最初からいまのような体でできているのではない。そういうバラバラのものから、それがつながって個体ができたのだと思います。個々のものなんだけれども、それがつながると生きられるということです。

たとえばサッカーのワールドカップがありますね。そこで日本がなぜ勝てなかったのか。

見たらわかるでしょう。外国の選手は、個人個人なんだけれども、その背景は民族、国家でがっちりとつながっている。ところが、日本人はそうではない。日の丸はつけていたけれど、やはり個々のプレーヤーのばらばらの集まりというレベルです。それでは勝てない。サッカーはチームプレーだから、がっちりとつながらなければ勝てないのです。

けれど、見方を変えればあのワールドカップの結果も、神さまが考えられたことだと思われます。ワールドカップに参加された監督をはじめ選手のご苦労は大変なことで、加えて多くの日本人が会場のキップが手に入らないことを知りながら、フランスまで応援に行きました。これは戦後の日本ではまったく見られなかったことです。神さまが日本の国を愛するということを日本人に示そうとされた結果ではなかったかと感じています。サッカーの試合も選手の方々は大変な努力をされ、外国の選手とはまったく引けをとらない技術でプレーされていましたが、残念ながら一勝もすることができませんでした。

外国人は一見個人主義で、試合も個人プレーのように思われますが、しかしその裏には、民族や国家の誇りをみな持っていて、ここぞというときには、みなが一丸となってプレーしているのが、サッカーの知識のまったくない私にもよく分かりました。戦後の日本で最も欠けている国を愛する心、日本人としての誇りを忘れた姿が目の当たりに見られたような気がします。これもまたそれを気づかせようとされている神さまのお導きではないかと私は感じたのです。

あるテレビのスポーツの解説者が言っておりましたが、日本の国は政治家をはじめ、多くの人々にここぞという時の決断力が欠けている。これがワールドカップの試合にも出てきたと。外国のチームはここぞという瞬間に最高のプレーをするが、日本人はそのゼロコンマ何秒という瞬間の決断力が外国人に劣っているように思われる。これは日本人が国家とか民族の自覚を失ったのが大きな原因だと解説しておりましたが、私もそのような気がしました。

循環とバランス

――本当にいまは、どん底ですね。

そうですね。思うのですが、経済にしても、やはり日本に活気が出てくるとアジアの経済に活気が出てくるんですね。アジアが活気づけば、世界の経済が活気づきます。やはり人の心なんですね。だから、不景気も心です。不景気は人の心が起こしているんでしょう。

つまり見方によって物事は変わるということですね。「心ここにあらざれば見るとも見えず」というでしょう。出かけようとして急いでいる時に、忘れ物を思い出して、いつもの引き出しを見ても見つからない、家中心当たりを捜してもなかなか出てこないという経験はありませんか。忙しいのにと思って探すから、そこにあるんだけれども見つからない。後でゆっくり見ると、いつものところにおいてあるという。目にはモノが映っているんだけれど急ぐ方に心がいってしまって、見えていても見えていないということです。心が何処にあるかで、物事というのは簡単に変わってしまうわけです。

平成十年九月に台風七号が奈良県を直撃しました。多くの文化財が被害を受け、春日大社でもたくさんの木が倒れたり、灯籠《とうろう》が倒れたり、回廊《かいろう》の屋根がつぶれたりいろいろありました。その報告が逐一私のところに来るのですが、それでいちいち私が顔色を変えていたらみんなが動揺するから、平気な顔をしていたのです。台風が来そうだと分かってから、内心気が気じゃなかったんだけれども、これに順応しよう、プラスに考えようとしてきたわけです。それで、灯籠が倒れたと聞いても怪我人が出なくてよかったな、回廊に木が倒れかかったと聞いてもご本殿でなくてよかったなと思っていました。この程度ですんだのも大神さまのおかげだと感謝していましたら、神社が台風のショックから立ち直っていくのも早かったですね。

ですから神の心からすべてが生まれてきたように、人間の心もただ思っているだけではなくて、表に現れてくるものですから、不景気だ不景気だと思っていたら、いくら頑張って働いてみたって景気はよくなりません。やはり見方をいいほうに変えて、経済を循環させることが大切です。

そういうことでは、神社もかなり貢献していますよ。正月とか大きな祭りがあると、たくさん人が来るでしょう。お賽銭をちょうだいしますね。あれが自然とお金の循環をさせているのだと思います。二十年に一度のご造替《ぞうたい》というのも、一つには景気回復のためにやったのだと思います。大事業でしょう。そうすると、どうしてもお金が回転するわけです。それは日本人の知恵だろうと思います。昔のお金のかかり方はいまの比ではないですからね。朝廷とか幕府とか国の権力が、力を入れて造り替えさせています。それによって一つの景気回復をやっているのではないか。その知恵ではないかと思うんですね。

――二十年に一回造り替える式年造替《しきねんぞうたい》というのは、職人さんの技術の伝承という面もあるそうですね。

ええ、それもあります。二十歳になって四十歳ぐらいの親から技術を習う。それが三十歳ぐらいになると、親が五十歳、年を取ってしまって、もう教えられなくなる。二十年サイクルというのがいちばんいいサイクルである。それはもちろんあるんです。でも、それだけではなくて、やはり景気回復というのも一つの知恵ではないかと思うんです。だから、周期的に経済的に刺激を与える。それが大きな目的ではないかと思います。

奈良の大仏をつくったというのは、何も信仰ばかりではないでしょう。それだけではなくて、つくることにたくさんの人やお金やエネルギーが注ぎ込まれ、それが経済の活性化につながっていくのではないかと思うんです。ただ信仰だけでやっているのではない。また、よく言われるように、権力者が力を誇示するためにつくったということだけではないと思うんですね。やはり経済の活性化というのが大きな目的ではないかと思います。

いまでも信仰に対しては、みなさんお金を出してくださいます。神さまに対しては、不景気のときでもきちんと奉納する人がいます。だから、そういうものをうまく活用してと言っては悪いけれども、それで経済の活性化を図ったのではないかと思います。いま日本人は個人個人はみんなお金を持っているんですね。個人はお金を持っている。しかし、使わないから企業だけがまいってしまっている状態でしょう。

ですから、まさに自分さえお金を持っていたらいいという利己主義のつけが回ってこうなってしまったんですね。国のことを本当に考えるのなら、お金を循環させましょうと。もしこれができれば一発で直るんです。私は直ると思います。

——それには、宮司がいつもおっしゃっている循環とバランスが大切だということですね。

ええ。すべて循環とバランスだと思うんですね。私も企業などに行って今の不景気に対する講演をしたりしますが、私は企業なんてまったく知らないのに、なぜそんな話ができるかということなんです。というのは、この宇宙というのはすべて同じ構造でできている。太陽の周りを地球が回っていることとか、これは全部同じパターンでできているんです。一つ一つのバランスを取って、そしてその周囲を循環している。このパターンで全部できているんです。これに習わないものが滅びていく。

人間の体もそうです。循環とバランスです。それによって、人間の体というのは健康が維持されているわけでしょう。体も、家も、国も、経済も、全部そうですよ。循環とバランスということですね。それが乱れたときに滅びるという運命にあるわけです。まさに不景気などというのは、循環が止まったかたちですからね。バランスがなくなれば循環しなくなる。バランスが取れると循環するようになっているんです。地球にしても、地球と太陽のバランスが取れているから、地球が回っているんですね。バランスがなかったら回らないんです。

お互いがバランスを取るということが循環につながって、それがすべてこの世の中が成り立っている仕組みになっているわけでしょう。家庭でもそうですね。家族のバランスが大事です。いまはバランスが崩れているわけでしょう。企業でも国でも、全部バランスが崩れています。

日本人は昔からそれでやってきました。日本人というのはすべてバランスでやろうとしているわけでしょう。神道でも、仏教が入ってきたら、それと共存してバランスを取ろうとした。この精神ですね。対立したらいけないんです。対立して争ったらバランスが崩れてしまいます。

トラなどの強い動物は、自分の餌になる弱い動物を食べ尽くしてしまったら、餌がなくなって自分も滅びる。これが自然の原理ですから、弱い動物もいてくれないと強い動物は生きていけないでしょう。だから、賢い動物は絶対に食べ尽くさないで、残しておきます。それが知恵ですね。それをばかな動物は全部食ってしまうから、おのれも餌がなくなって、滅びてしまうんです。

いまは先進国、先進国というけれども、大国だけでは生きていけない。いろいろ発展途上の国々があって、それぞれが進化しようとする努力のバランスがあってはじめて人類は生きられるんです。

たとえば、野に咲くいろいろな花があります。大きなりっぱな花を咲かせる植物もあり、またひっそりと小さな花を咲かせている草もあります。どちらが上とか下とかということではなくて、それぞれの花がそれぞれの個性を現わして咲いているのであって、その草々がすべてバランスを取って生きられるように、自然はなっています。人類もこの自然の仕組みとまったく同じなんですね。

この自然の仕組みというものを見なければいけない。強い国が弱い国を抑えるのではなくて、お互いにバランスを取るということが、本当の人間の生き方です。

世界は平和だ何だと言うけれども、まずこの原点を知らなければ、頭の知識だけで小手先でやっても、絶対に本当の社会というのはできてこない。バランスですね。対立ではいけないというんです。それがまだわかっていないですね。

——このままだと本当に滅びてしまいますか。

ええ、そうでしょうね。だから、日本人というのは、こういうときにみんなの目を開かせるためにできてきた民族ではないかと思っているんですね。今まで言ってきたように、神さまに生かされていると感謝して、あらゆるものと共存し、バランスを取って生きていくという本当の生活を続けてきた、世界でまれなる民族でしょう。人間というのはこうやって生きるものだということを示せるのは、日本人だけだと思うんです。だから、本当に日本人が日本人本来の姿、共存の生活に立ち返ったときに、世界は目を見張ると思います。そして、みんなが日本の生き方を真似る。そこではじめて本当に平和な世界というのはできてくると思います。

それなのに、肝心の日本人が外国の真似をしてしまった。これを捨てなければいけない。そして、本当にあらゆるものと共存して、民族独特の個性を示す。そして、お互いがバランスを取って生きる。これが本当の世界なんですね。そういうことを示せるのが日本人なんですね。それを世界にアピールしなければいけない時だと思います。

御蓋山

第三章　滅びの日本社会

母とは何か、父とは何か

――はじめに、家族ということからうかがいたいと思いますが、母親、父親とは何か、というあたりからお願いしたいと思います。

それにはまず、神さまのことから話さねばなりません。前にも言いましたように、神というのは、西洋でいうところのゴッドではなくて、日本では最高の敬語として使われていました。では、その「かみ」というのはどういう意味の敬語なのか。まず「か」というのは、肝臓の肝とか、お菓子を入れる缶とか言いますが、こういう「か」というのは、みんなものを入れるという意味で使われていて、つまり「か」というのは、宇宙のすべての神秘を含むという意味があります。

「み」というのは「身」です。そういうお方さまという意味もありますし、海の「み」でもあるのです。いわゆる命というのは海から生まれてくるわけだから、海は生命のすべてを含んでいる。「み」というのは「満」という意味でもあります。満杯という意味だと思います。生命が満ち満ちたものが「うみ」でしょう。そこから、生まれる、産むという言葉が出てきたのだと思うんですね。だからそれらの意味がみんなあわさった、「かみ」という言葉は、宇宙の神秘、命の神秘などすべてに満ち満ちたすばらしいお方さまという思いが込められているのです。それほど素晴らしい方には、自然と敬う気持ちが出てきますから、「かみ」という言葉は最高の敬語になったんだと思います。

このように考えると「かみ」や「うみ」というのは、みんなもとは同じものではないかと思います。そして母親というのは神さまからもらった生命をすべて含み、それを子供に伝えてくれる人、それが「おかあさん」なんですね。だから奥さんのことを「おカミさん」と呼ぶんですね（笑）。

この「おかあさん」に対して「おとうさん」つまり父親というのはその役目がまったく異なります。父親は子供に直接生命を伝えられません。母親のみが子供に生命を伝えられる。では父親は何をしているのか。

三十五億年前に地球上に生物が現れて、それからずっと三十五億年間、生命が伝わってきた。いわゆる子供を産んできたんだけれども、だいたい二十五億年ぐらいは一つの性、女性だけで子供を産み続けてきたわけです。もともとオスというものはいなかった。最近クローン技術が話題になっていて、そのうちクローン人間もできるんじゃないかとさえいわれているけれども、自然はずっと昔からクローンをしていたんですよ。単細胞生物は、一つの細胞が同じ遺伝子を持つ二つの細胞に分かれて増えていくでしょう。そんなふうに、女性がすべて命を伝えてきた。

でも、それでは親と同じ子ができるだけなので進化が遅いんですね。急激な環境の変化にも対応しにくい。それで自然というものは進化を早めるために別の遺伝子を組み合わせ、子孫を残していくようにした。別のいい遺伝子を女性に与え、そして子供を進化させようということから、オスというものができたわけです。そこから男女のセックスで子供が生まれるというシステムに変わってきたんですね。

オスがいつごろできたのかはっきりわかりませんが、だいたい十億年ぐらい前だと言われていて、その過程が妊娠の経過にはっきり見られます。妊娠した時は、すべて最初は女の子です。それがそのまま発育してきて、途中から男性ホルモンが出ると男の子に変わりますが、男性ホルモンが出ないとすべて女の子が生まれてきます。女性ホルモンが出たら女の子になって、男性ホルモンが出たら男の子になるわけではありません。つまり基本は女の子なんですね。男性は女性から変化したので、だから男と女はもとは一つといえるわけでしょう。もともと一つであったものが男女に分かれて別々に生活し、またもとに戻って一緒になるのが結婚、それが夫婦だとよく言われますが、私はその通りだなと感じます。神さまの導きによってもとの一つに戻ることができたので、これに感謝するのが日本で行なわれている神前の結婚式なのだと思います。

ですから、女性の歴史というのは三十五億年ですが、男性の歴史というのは十億年ぐらいしかないわけです。このように、体は男と女とまったく違うシステムになっているわけです。歴史が長い分、女性のほうが神秘的にすばらしくできているんですね。

——女性の力強さ、ですね。

ええ。子供をつくるというのは本能ですからね。より進化したいい子孫を残そうとする。これはどの生物にも通じる生きていくうえでの基本です。

すごいと思うのは、たとえばサケはみんな知っているように、川の上流で生まれて海へ行く。そして、何年間か海にいて、またもとの川に帰ってくるでしょう。これは、いろいろな経験を遺伝子に入れて進化していくためです。

また、親は子供を産んだら死ぬのがわかっているのに、でも、自分の命を賭けてみんな上がってくる。いろいろな経験を脳のなかに入れて、進化した子供をつくろうと思って海のなかを回っているわけです。そして、子供を産むときにはもとの川に上ってくる。どうしてもとの川がわかるのか不思議ですね。自分の生まれた川へ帰ってきて、そして産んだら死ぬことがわかっているのに、自分の命を賭けて産んでいるじゃないですか。これは人間よりはるかにすばらしい生き方じゃないですか。日本人にこんな母親がいますか（笑）。自分の命を賭けて子供を産もうなんていう人は、もうめったにいないでしょう。

もう一つ例をあげれば、タコの母親というのはすごいんですね。これはもう少し高等だから、母親が子供を見守る。まず母親は何十万個という卵を穴の中に入って産みます。だから、あらかじめそのへんの石ころを寄せてきて、穴をふさぐわけです。そのなかに母親が入って何十万個という卵を産む。それが天井にみんなぶら下がっている。しかし、海の水をかけないと卵が孵化しないんです。

母親はそこにこもって、何も食べないで海の水を吹きかけるんです。その卵を食べにほかの魚がやってくる。それを足で追い払いながら、水を吹きかける。そして一カ月か二カ月か知らないけれども、やがて卵が全部孵化して出ていく。そのときに、力が尽きるわけです。それで母親は死んでいく。

これをテレビで見て感動しました。タコはそうやって海の水をかけて子を育てるんです。自分は何にも食べないで、ただ卵に水を吹きかける。そうやって子孫を残そうとしているのです。下等動物ですと、子供は一度産んだら終わりです。しかしもうちょっと高等な動物になると、一生に何回か子供を産む。そういうシステムに変わっていくんですね。

人間は最も高等だから、子孫を残すという本能だけでなくて、いろんな科学だとか文化だとかを作って進化していると思っている人がいるかもしれないけれど、今の日本はどうですか？　確かに豊かな生活をしているかもしれないけれど、根本の立派な子供を産み育てることを忘れていませんか。これでは退化しているんじゃないでしょうか。

——なるほど。すると父親は何のためにあるのですか。

それが問題です。動物のオスはいい遺伝子を与えるだけの仕事なんですが、人間だけに父親というのがあるわけです。神さまが人間だけに父親を与えた。何のために父親を与えたのか。何度もいうようですが、神さまというのはなぜ人間をつくったかというと、神の世界を認めさせて、これを表現させるという目的のためです。動物は単に子供を産むだけなんですね。命を伝えるだけなんです。ところが人間はそうではなくて、神の世界を見なければいけない。そのために父親というものをつくった。

神の世界というのは理屈では見えませんね。神さまはすばらしいという尊敬の念がなければ、神の世界は見ることができない。だから、動物は神の世界を見ることができないんですが、人間には父親というものがあって、父親を通して人を尊敬するという心が与えられた。それで、神の世界を見るようになされているわけです。だから、父親というものは偉大でなければいけないんですね。子供が、親父はすばらしい、親父にはかなわない、親父は偉大であると思うところから、敬う、尊敬するという心が、人間だけに芽生え、育まれるわけです。それが父親の役目です。

しかるに、ここ数十年の日本からは、父親が消えた。男女平等の考え方で、夫婦というものは差別があってはいけないということになった。これで間違ったわけです。誤解しないで欲しいのですが、男がすぐれていて女が劣っているというのではなくて、神さまがつくられた役目が違うということです。だから、母親からは命の百パーセントが子供に伝わります。けれどそれだけでは動物と同じ。神を見るための敬うとか尊敬するという心を子供に与えるために、偉大な父親が必要なのです。

ところが、親父が子供と一緒になって遊んで、子供のところまで下がっていくのがいい父親であるという考え方になってしまって、日本人には、偉大な父親というのはいなくなってしまった。また、母親は母親で、命、つまり生きる知恵のすべてを子供に与える母親がいなくなってしまったでしょう。自分の人生を大切にするとか言って、子供に対して命も与えなくなってしまった。だから子供が親を尊敬して神さまを敬うというのがなくなり、生きる知恵もなくしてしまって、今の日本人は人間ではなくなって、だんだん動物になりつつあるんです（笑）。子供というのは何のためにいるのか、男女というのは何のためにいるのかということが、わかっていないわけです。

いま日本の国はとんでもない時代になっていると思います。

――どうしたらよいのでしょうか。

大切なのは命の循環です。循環しないと命はそこで滞ってしまうので、命は永遠に循環して続くということをいつもお話ししています。

例えば夏にミーンミーンとセミが鳴いていますが、この一匹一匹は地上に出てからわずかのうちに死んでしまうでしょう。けれど死んで終わりかというとそうじゃない。ミーンミーンと鳴いている間にオスとメスが一緒になって卵を産み、それがかえって、幼虫になっているでしょう。そこから何年も土の中で過ごし、また地上に出てきてセミになって、短い成虫の間に次の世代に命をつないで、死んでいく。春日大社でも夏になったらセミの抜け殻がいっぱい木にくっついてますよ。こうやって命は循環しながら、延々と続いていくわけですね。

だからその時、幼虫が途中で死んでしまったら、セミは出てこないわけです。祖先の幼虫が駄目になったら、次の成虫は出てこないでしょう。次の世代は滅びてしまう。だから我々も子供を産まないでそのまま死んじゃったら、命が次の世代に伝わらない。祖先が夜見の国で命を伝えて生きてくださらないと、我々は生きることができない。また反対に我々が生命を正しく伝えないと、祖先も生きていくことはできないのです。すなわち祖先と我々は常につながっている。それが循環しているということでしょう。その仕組みがよく現れているのが妊娠です。

妊娠の仕組みはまさに神秘的で、お母さんのお腹の中に赤ちゃんがいるでしょう。するとお母さんのとった栄養が動脈を通って、赤ちゃんにいく。でもお母さんの血液型と赤ちゃんの血液型は必ずしも同じとは限りませんね。だからお母さんの栄養が血液を通してそのまま赤ちゃんに入ったら、赤ちゃんは生きていけないでしょう。血液型が違ったら一発で拒絶反応を起してしまいます。しかしここに胎盤というものがある。そこが摩訶不思議なんだけれども、お母さんから血液にのって栄養が来ると、この胎盤で、赤ちゃんの血液に変わって入っていくんです。どうして変わるか分からない。けれども赤ちゃんの血液に変わって赤ちゃんを養うのです。

それに赤ちゃんはご飯も食べていないし肺呼吸もしていないけれど、生きているから老廃物が出てきます。それを体の外に出す時は、やはり血液を通してやるしかない。赤ちゃんの老廃物が血液によって胎盤まで運ばれ、そのままお母さんの体に入ったらお母さんが死んでしまいますから、胎盤でお母さんの血液に変わって老廃物を捨てるようになっているんです。そうしてお母さんが呼吸して赤ちゃんが出した炭酸ガスを外に出して、それを木の葉っぱが酸素に変えてくれる。お母さんはその酸素を吸って赤ちゃんに酸素を送っているわけです。循環しているでしょう。だからお母さんは赤ちゃんの代りに食べ、赤ちゃんの代りに呼吸しているんです。このように循環して、だんだん赤ちゃんが大きく育っていきます。

その育っていく様子にしても、地球上に生物が現れてから三十五億年の過程、祖先の歴史をたどります。はじめは一個の卵細胞が受精して分裂をくりかえして、魚みたいになったり、しっぽが取れてみたりして、胎盤に守られながら、十月十日の間に人間の赤ちゃんになって、おぎゃあと生まれてくる。まさに不思議な仕組みですね。

――そうですね。でもあいかわらず、父親不在ですね。

確かに（笑）。こういう話をしていると、ある神職が、「我々親父は何処にいるんです

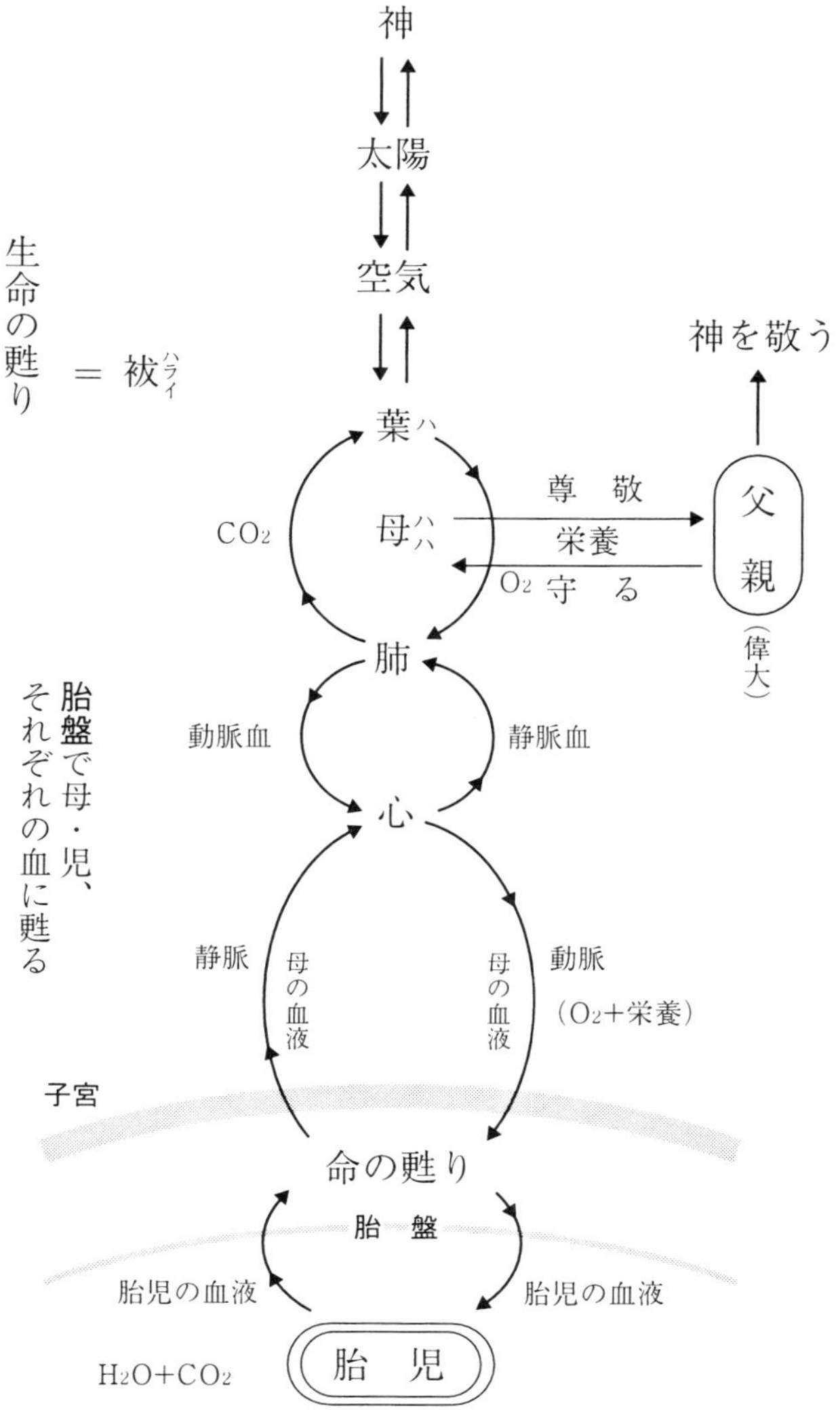
神
太陽
空気
生命の甦り ＝ 祓《ハライ》
神を敬う
葉《ハ》
尊 敬
CO_2
母《ハハ》
栄養
父
親
O_2 守 る
（偉大）
肺
胎盤で母・児、
それぞれの血に甦る
動脈血
静脈血
心
静脈
母の血液
母の血液
動脈
（O_2＋栄養）
子宮
命の甦り
胎 盤
胎児の血液
胎児の血液
H_2O+CO_2
胎 児

か」というんです。けれど実際のところ、あまり親父なんて必要ないんです（笑）。お母さんだけで十分という。すると「じゃあ、我々は何のために生きてるんですか」と聞くから、しょうがないから父親の役目を説明するんです。そうしないと男が生きがいをなくしますからね（笑）。

さっきも言ったとおり、動物にはオスがありますけれど、父親というのは人間だけです。神さまが、神の世界を見せるために人間を作られたのだから、その目的は動物とまったく違うのです。理屈では神さまは見られないでしょう。神さまは素晴らしい、神さまは有難いんだという、尊敬の心がなければ神さまは見ることができない。そのために父親がいるわけです。だから父親は、子供に尊敬する、敬うという心を生まれさせるためにいるのですね。

動物でもメスはすごい力のあるオスのところに行きますよ。メスは強いオスの種をもらって、強く丈夫な子供を残そうとします。本能ですね。奈良公園にいるシカでもそうですよ。角がでっかくて体もがっちりしているオスの回りにだけメスがいます。弱いオスはメスがお呼びでないから、さびしく周りにいますよ。私なんかシカだったら、寂しいでしょうね。人間だから一人だけ女房が許されていますけどね（笑）。

――父親は尊敬されなければいけないのですね。

ええ。ですから父親は尊敬されるために、せっせとお母さんに稼ぎを渡して、お母さんを守ってあげないといけない。そうすると「頼もしいわね」、「素晴らしいわね」とお母さんが尊敬してくれるでしょう。そうでない稼ぎのない亭主とか、女房を守らない亭主とか、そういうのはオスにも劣りますね。父親とは言えないでしょう。

そうして、生まれる前はもちろんですが、生まれてからも子供とお母さんとはぴったりくっついています。子供にはお母さんの影響がすごく大きい。父親の偉大さもお母さんから伝わりますからね。これが大切なんです。お母さんがご主人に、「素晴らしい方ね。あなたのおかげで生活ができてありがたいわ」といって、子供に「お父さんは素晴らしい。りっぱね」、「お父さんのおかげで生活できてありがたいわね」と言ってもらわないと、それが子供に伝わらない仕組みなのです。お母さんがそれをやっていると、子供に尊敬する、敬うという心が芽生えてくるのです。父親からは直接伝わらないのですよ。すべて母親を通さないと父親がいくら頑張ってみたところで、奥さんが、「なによあんた、たいしたことない」と言ったら子供には伝わりません（笑）。

そのためには、奥さんが「ハイ」と言う。ご主人に、「ハイ」といって、いやなことがあっても「ハイ」と言っておくことです。こういうと、すぐ男女差別だとか思う人がいるけれどもそうじゃない。ご主人のために言うんじゃなくて、子供のために言うんです。「ハイ」といったら、子供が「お母さんて、なんでもお父さんのことをハイって聞いて、大変だなあ、すごいなあ」と思うし、「お母さんにそういわれるお父さんて、すごいんだなあ」、「かなわないな」と感じるんです。そうしてお父さんを尊敬して、お父さんがお祀りしている神さまを敬って、立派な子供になる。子供のために言うんです。

——夫婦が尊敬し合うことが大切なのですね。

そうですね。私が医者をしていたとき、手術の前に患者さんやそのお母さんと話をするでしょう。もうお母さんは子供の一生のことだから、ものすごく真剣なわけです。「この子のためなら何でもします」というから、「本当になんでもするんですね」と念を押すと、「どんなことでもしますから、手術をお願いします」と必死なんですね。だから私が「じゃあ、旦那さんにありがとうと言って尊敬してください」というでしょう。一瞬、お母さんはびっくりしたような顔をして、「先生、それ以外で……」(笑)。だから私は、「旦那さんにいつもありがとうと感謝もできないようなお母さんの子供を手術しても、うまくいくわけがないから、手術しません」と言うと、「分かりました。死ぬ気でがんばります」。「いや別に死んでくれとは言ってません」となる。ご主人にありがとうと言うのも、死んだ気にならないとできないのでは、こっちが危ないと思いませんか（笑）。つまり、病いは気から、とも言うでしょう。いつも子供の病気のことばかりを考えていて、自分を支えてくれているはずのご主人に、ありがとうと感謝の言葉も言えないくらいなら、子供にいい影響があるはずがありません。ご主人に「ありがとう」といって、「ハイ」と答えていたら、子供が明るくなるから、言ってくださいというんです。

現在の日本では母親ではなくて、ご主人が奥さんに「ハイ」と言っていますよ。「ハイハイ」と何でも聞いているでしょう。日本からは父親がいなくなってしまったから、だから奥さんが「ハイ」と言ったらバランスが取れるんじゃないですか（笑）。

この間、この話をある講演会でしたら、七十六歳のおばあさんから手紙をいただいて、「講演会では楽しい話を聞かせていただきました。けれどこの話を、十九歳でお嫁に来たときに聞かせて欲しかった。今はもう遅いけれども、おじいさんに『ハイ』と言うようにしています」と書いてありました（笑）。十九歳から七十六歳まで一度も「ハイ」といわない奥さんというのはすごいなあ、と思いましたね。まあ言葉のあやで、実際はそんなことはないと思うのですが。

——素直に「ハイ」というのは、老若男女を問わず、難しいのかもしれませんね。

ええ。それで、「ハイ」とご主人の顔を見ていうと、自分が劣っているように思う人がいますが（笑）、これは違いますよ。これはご神言です。アーメンとか南無とかというのは、理屈で理解できませんね。このような言葉が神仏に通じる言葉なのです。だから子供を立派にする神さまの言葉が「ハイ」なんです。ご主人の顔を見たくなかったら目をつぶってても、向こう見ててもいいから、「ハイ」。いい加減に「ハイハイ」と言ったらだめですよ。心から「ハイ」。これをいったら子供が立派になると思って「ハイ」という。これしか日本をよくする方法はないんですね。

お母さんは、子供のためなら何でもできる。遺伝子は父親からももらったかもしれないけど、その他のものは全部お母さんから分かれて出てきたものですからね。つながり方が半端じゃない。ご主人に「ハイ」と言うくらいどうということもないでしょう（笑）。

何のための家族か

——このままいくと家族というのはどうなってしまうのでしょうか。

神さまが生物を造られたのは、立派な強い子孫に命を伝えて、だんだん進化させて神の世界を見させよう、としておられるためです。だから、進化しなければ神の世界は見られない。ほかの生物はみんな進化しようとしている。人間だけが退化しようとしています。人間のやっていることは進化ではありませんね。退化です。

人間が考え違いしているのは、科学の知識を駆使してすばらしいものができたら、進化だと思っていることです。進化というのは、人間の体が進化することでしょう。いまは体は何にも進化していない。機械が発達すれば発達するほど人間は動かなくなってくる。ますます人間は退化しているわけでしょう。もう動物以下になりつつあるというのが現在の人間です。いまこそ本当に目覚めなければいけない。冗談事を言っているときではないのですね。

そういう意味で、何のために家族があるのかということがわかっていない。

――いまは核家族が中心になっていますね。家族が、本当に小さな単位になってしまいました。

ええ。これがまた日本の国を滅ぼす原因なんですが、アメリカの真似をしている。夫婦とか親子は全部別々に生活をして、それぞれの生活をエンジョイするという核家族ということをアメリカがやったわけでしょう。それはアメリカの事情にはぴったり合っていたのでしょうが、それを日本も真似をして、舅、姑とは一緒に住まないということをやってきた。

　両親からは生活の知恵は伝わるんだけれども、歴史はおじいさん、おばあさんからでないと伝わらないんですね。両親は生活の知恵を子供に与える。ところが歴史は人生経験の長いおじいさん、おばあさんが、昔話やちょっとした話から子供に伝えているわけです。歴史を知らなければ、真実の生きる知恵が伝わらないのです。年寄りと一緒に住んでいた昔はうまい具合に家族ができていたわけですね。

　なぜおじいさん、おばあさんと一緒にみんなで大家族で住むようになったのか。これはちゃんとした理由があって成り立っていたシステムなのに、日本は戦後、それまでの歴史というものを全部否定して捨てたでしょう。そして現在の知識だけでやるから間違えてしまったんですね。核家族社会、一人一人にそれぞれの生活があるなどと言って、それまでの生活習慣を切り捨てて、すべての命が伝わらなくなってしまったわけです。しかも今の両親は、伝えるはずの生活の知恵も持っていないでしょう。

　そのために命が伝わらなくなったという現象が、いまの不景気です。これは経済的にどうこうというのとは違います。お金が循環しない。モノが売れない。活気がない。これは生命《いのち》の衰えの姿でしょう。まさに日本人はいま生命が消えようとしているときです。生命というのは生き物だけにあるものじゃないですね。国の生命、民族の生命とか、そういうものもあります。我々は生命で生きているわけでしょう。何も科学とか経済で生きているのではない。科学であろうと、経済であろうと、生命が衰えたら終わりです。それに気がついていない。だから、不景気を直すのは、何も経済をいじったりすることではなくて、今大切なのは日本の生命をよみがえらせることです。これ以外に不景気を回復する方法はない。

昔でも不景気というのはいくらでも日本にありました。不景気になったら何をしたかというと、子供に歴史を教えたんです。子供の教育は先生だけでは無理があります。おじいさん、おばあさんから、子供に日本の歴史を教え伝えた。そうすると、子供に日本人の生命がよみがえり、やがて、藩や国の生命力が戻ってきて、不景気が回復した。これは昔の人がやってきたことです。

どのようにして生きたらいいかという生きる知恵は、頭だけで考えた今の知識ではわかりません。過去の歴史を見て、それまでの経験を知ると、その結果、現在どうやって生きたらいいかという知恵が湧いてくる。その生きる知恵はすなわち生命《いのち》だから、生命がよみがえってくるということでしょう。けれど歴史を捨てたから、そこから受け継がれるはずの生きる知恵が出てこないわけです。ですから歴史を捨てた国というのは滅びるんです。民族も会社もすべてそうですね。

バブルの崩壊でいろいろな会社がつぶれましたが、これはすべて、会社の命を伝えていないためです。たとえば銀行は、預金者からお金を預かってそれをいろいろな企業に貸し、企業を発展させるのが本来の仕事でしょう。それが銀行の命なのにバブル景気の時、もうかるからというだけで、今までやってきた本来の姿を忘れ、不動産に多くのお金を投資しました。その結末が、バブルがはじけた途端に多くの負債に変わったのです。これはバブルが崩壊したためだと多くの経営者はいっておりますが、そうではなくて、会社本来の歴史、つまり命を伝えなかったからです。

もうこの昏迷した世の中を見ていると日本は救いようがないかもしれません。このままでは、明らかに二十一世紀で日本は滅びますね。いまの子供たちが大人になったらもう終わりです。我々は死んでしまって、いまの子供たちだけの世界になったら、「昔、日本国ありけり」という歴史になっているかもしれません（笑）。

神さまはどうしてこんなに日本人をばかになさったのか。これも何か意味があると思うんです。生半可なことでは気がつかないから、落とすところまで落とそうと神さまは考えられたのではないかと思います。

平気で親が子供を殺したり、捨てたりしているでしょう。こんなことを動物がやりますか。どんな動物でも一生懸命に母親は育てようとしているでしょう。それを産みっぱなしで捨てるのがいる。動物以下ですね。

――いまは少子社会といわれて子供の数が減少していますね。

子供の数が減るというのは、親たちの意志で減っているように思っていますが、違うんですね。子供を減らしているのは、女の人が産みたくないからとか、男の人が子供が欲しくないからというのとは違います。自然が減らしているんです。

自然にはアポトーシスという厳然たる規則があります。どういうことかというと、不必要なものは消えるということです。そのアポトーシスという厳然たる規則があるからこそ、いまの宇宙が成り立ってきたんです。たとえば星が爆発して霧みたいになるでしょう。それが固まって星になるけれども、いらない霧を全部消して、一つの星をつくっているわけです。

人間の体でもそうです。一個の卵細胞が何度も分裂してブドウみたいに増えていくでしょう。そのままだったらブドウ状のままになってしまう。でも、こういう人の体になるのは、いらないものは消しているからです。それで人間のかたちになる。このアポトーシスがなかったら我々は生きていけないわけです。

だから、我々が新陳代謝をして、今のこういう瞬間でも何千万個という細胞が古い細胞から新しい細胞に変わっている。そのときに全部がいい細胞に変わってくれればいいけれども、我があるからそうはいかないんです。ガン細胞も毎日できているんですよ。それでもガンにならないのは、ありがたいことに、アポトーシスというものがあるから、いらないガン細胞を消してくれる。ところが、我欲が強いとこれが消えなくなってしまう。そしてガンになるわけです。

このように、アポトーシスで不必要なものが必ず消えるということが、この宇宙の原則なんです。そうすると、神さまから見たら日本人というのは必要ではないのかもしれません。

――なるほど、そういうことですか。

ええ。日本人は必要ではない。自然が生物を滅ぼすにはどうしたらいいか。子供をつくらせない。すると、百パーセント消える。自然というのは何パーセント滅ぼすなんていうことはしないんです。消すときは百パーセントです。

ですから、いま女の人が子供を産まないというのではない。自然が日本人は必要ないから子供をつくらせないようにしているわけです。それに気がついていないんです。

神さまがお前はいらないと言うでしょう。そうすると、頭のなかに子供を産みたくない、結婚したくないという発想が出てくる。自分が考えたのではないんですね。それを自分自身の意思で、自分の生活が大事だから、結婚してご主人のご飯をつくったり洗濯したりするのはまっぴらごめんだ、子供は産みたくないと考えていると思いこんでいますが、違います。これは神さまがお前はいらないと言っているんじゃないですか。自然があなたは必要はないと言っている。あなたが地球にいてもらったら困る。だから必要でないものは消すわけです。それがわからないんですね。

この世の中で自分の力でやっているということは、ひとつもないんです。すべて運命というか、導きで生かされている。私はそう言い続けているんですが、それは宗教の話であって現実は違うとみんな思っている。そんなことはないんです。嘘だと思ったら細胞を見てごらんなさい。我々の体をつくっている一つひとつの細胞を見ても、どこに自分の意思というのがありますか。全部、遺伝子というかたちで伝えられてきた祖先からの情報で生かされているんでしょう。そうやってできたのが体です。

生かされているんですね。自分で生きるということはかけらもない。だから、必要のない消すべき者には子供を産ませないようにする。気がついてみたら子供がいないということです。

自然というのは、滅ぼすときには天変地異のようなもので滅ぼすようなやさしいことはしません。子供を産ませない。いま絶滅の危機に瀕している動物がたくさんいます。あれはなんで滅びるか。みんな子供をつくれないからでしょう。

そうすると、いくらオスとメスを一緒に檻のなかに入れても、セックスしない。セックスしても子供ができない。そうなってしまっているんですね。すると、子供が生まれないんですから、大人が死んだらそれで終わりです。

だからそういう自然のシステムを見なさいと言うわけです。我々は自然に生かされている。つまり自然をばかにしたらいけない。自然のなかに見えている神さまの意志をばかにするなんていうのはとんでもない話でしょう。

子育てというのは苦しいものではない。楽しいものですね。これは女性だけに与えられた特権です。本来、女性というのは子供を産み育てる。男女平等とか、そんなことではありません。女の人が子供を産むのと男が働くのは差別ではないんです。当たり前のようですが、女性は子供を産み育てるようにつくられている。これが女性の特権、本来の姿です。それを全部除いてしまったら、女の人は最後に後悔するに決まっています。家庭を守って、立派な子供を育てるということが、人類の進化になるのです。

世の中をよくするというのは、まず一番に立派な子供を育てるということです。一人一人の人間が立派にならないで、どうして国がよくなるんですか。こんな簡単な理屈にどうして目をむけないのか理解に苦しみます。

子供に伝えるもの——教育について

——そういうお話を聞いていると、ほとんど絶望的だということで、もう結論が出ている感じですね（笑）。いま子育ての話が出ましたが、教育でも、学校はいじめとか、保健室登校とか、いろいろ荒れていますね。

もう日本には教育はないですよ（笑）。人間の大きな脳のかたちを見てください。普通、進化というのはかたちが変わるわけです。昔は水のなかで生活をしていた。人間も魚のような格好をしていた。胸ビレが進化したのが腕です。腹ビレが進化したのが足です。進化というのはかたちが変わるということなんです。こうやって進化してくるんですが、脳だけはかたちが変わっていない。

というのは、人間の脳を縦切りにすると、脳は大雑把に三つになるんです。まんなかにあるものがいちばん下等な脳です。細長く脊髄があって、この先がポッと膨れたのが脳なんですね。これがいちばん基本のところで、これは生きるだけの役目です。ヘビのような動物でも持っていますから、ここはヘビの座、ヘビの脳といわれています。ここには心というのはない。

ところが、もうひとつ高度になってイヌとかネコの哺乳類になると、心の座というのがこの上にくっついてきます。ヘビの脳も持ったまま、しかも、その上に心の座というのができてくる。

心というのは、生きる知恵のことです。野生動物でも、母親が子供に生きる知恵を与えるでしょう。食べ物の取り方とか、敵から逃れる術を教える。高度になるとそういうものが出てくる。だから、命というか、神さまから与えられた人間の生きる知恵は、脳の心の座にみんな伝わってきているわけです。

ところが、人間にはさらにこの上に脳がある。人間だけに、いわゆる知識とか感情とかをつかさどる特に大きな大脳という脳が、のっかっています。人間はみんなこれを持っているんです。動物にも心があるし、人間も同じなんです。しかし、動物と人間のどこが違うかというと、人間は大脳に蓄積された知識があるからいろんなものを形作ったり、言葉をあやつったり、心を表現できるんです。動物は感じるだけです。動物も神さまの知恵を感じている。しかし、知識がないから、神さまの世界というのはこんなに素晴らしいんですよと表現できない。人間だけが表現できるものを与えられたんですね。

——動物にも心はあるわけですね。

もちろんあります。動物も命の知恵を受けているわけです。しかし、それを表現できない。神さまは、人間に神の世界の素晴らしさを表現させようと人間だけ脳を大きくしたんです。ところが、その目的を忘れてしまって、片よった知識だけでいま生きている。人間は、知識というのは我欲のために与えられたのではなくて、神さまの世界を表現するために与えられたことを忘れてしまっています。

いつも言っているように、この世界というのは循環とバランスです。すべてバランスで成り立っている。だから、命の知恵と知識がお互いにバランスを取らないと、どちらもダメになってしまうんです。いまはそのバランスが崩れて、知識だけで生きています。そうするとどうなるかというと、心の細胞も、アポトーシス、つまり必要ではないものは消えるということなんです。知識だけでやっていると、知識と心、両者のバランスが取れないでしょう。そうすると、生きる知恵がたくわえられた心の脳の細胞が使われないから消えてしまうんです。

生かされているということを考えないで、おのれの知識だけで生き抜くという極端な人間が独裁者です。ヒトラーとか、スターリンとか、毛沢東とか、自分の権力だけで生き抜いて、神も何も信じない。ああいう独裁者というのは、心の脳を全然つかわないで、知識の脳だけで生きた人です。その極限で生きた人です。そうすると、晩年はどうなるかということをある日本の大学の教授が研究した。みんな同じ状態だったそうです。

どういう状態かというと、意識だけははっきりしているんです。ところが、心の脳にあった生きる知恵を失っているから、体をやられて筋肉が全部動かない。しゃべれない。しゃべるというのは筋肉を動かすことですからね。そうすると、自分で意思を伝えたいけれども伝わらない。体の筋肉が動かない。意識だけははっきりしている。どうにもならない。ボケていればまだましです。ところが、意識だけははっきりしているから、自分で何かやりたいんだけれども、言葉が出ないし、動かないし、伝わらない。まさに地獄です。人間が死ぬときに意識を失うというのは、神や仏の最高の慈悲でしょう。それが意識があったまま、自分の死んでいくのを感じながらあの世に行ったらおそろしいでしょう。それは地獄ですよ。意識があって、それが伝えられないということは、どんなに苦しいか。だから、ああいう独裁者は権力でたくさんの人を殺したけれども、最後には地獄に落ちていく。そのようなことがずっと書かれていました。

ですからバランスというものがいかに大事かわかるでしょう。我々の知識というのは、自分の利益のためにあるのではなくて、神さまの世界を表現するために神さまから与えられたものなんです。それが知識と感情ですね。感情というのは、ありがたいとか、尊敬するとか、すばらしいとか、そういう感情も大脳にはあるわけです。動物にはない感情がある。

もう一つ重要なのは手です。これは人間にしかありません。足は動物でもあって、走ったり歩いたりする。ところが、手で細かいものをつくったり、字を書いたりする。手というのは人間だけに与えられたものです。ですから、手を使わなければボケるんです。いまの子供は手を使わないでしょう。お箸が持てないし、鉛筆も削れない。機械で全部やっている。そうすると、本当に頭が駄目になってしまいます。

動物とは違う人間だけに与えられたものをよく見なければいけない。これは威張るということではないんですね。「人間というのはこうすべきだ」ということで、人間だけに与えられたものがたくさんあるわけでしょう。知識もそうですが、感謝するということもそうですね。感謝したり、すばらしいと感動したりするのは動物にはない。

神さまが、神の世界を見て表現させるために、人間だけに与えられたものがある。それを行なうのが人間なんですね。動物より優れているとか、動物を見下すという意味ではないんですね。そういう人間と動物の違いを知らなければいけないんですね。

しかも、なぜ動物やばい菌などがいるかというと、いわゆる共存、共生です。一匹では生きていけない。たくさんの生物とのバランスで命というものは伝わる。こういうシステムなんです。だから、ばい菌がいるのも、魚がいるのも、それぞれ意味があるわけです。それぞれがみんな共存して命を伝えてくれているでしょう。そのおかげで人間も命が伝えられるんですね。そういう生物がいなくなってしまったら、人間も滅びるということでしょう。命というのはみんなで伝えるものなんです。

ですから、人間が自分の欲だけで虫を殺し、植物を切ってしまったり、ばい菌を殺して

春日祭・本殿に向かう

しまったら、やがて人間も滅びるということです。この循環、バランス、共生というのが宇宙のシステムです。ところが人間は愚かで、自分さえよければいいということで、どんどん生物を殺してしまったから、その結果いまは人間全体の生命力も衰えているわけでしょう。

ですから、何度もいうように原点に返って、命というのはどうしたらよみがえるかということを考えないといけない。いませっかく神さまがいろんな症状でみんなに知らせようとしてくださっているじゃないですか。命をよみがえらせない限り、これはよくならないのです。

——そういう意味でいうと、やはり次の世代の命、子供たちをどう育てるかというのが、いちばん大きな問題ですね。

ええ。そうなんですが、現在は学校や塾でするのが教育と思っているでしょう。これが一番の誤解なんですよ。教育というのは、知識を与えることではない。まず生きる知恵を与えることです。母親からしか知恵は与えられないんだから、まず母親が知恵を与えることです。知識とバランスが取れれば立派な子供ができていきます。ところが、いまは知恵を与えないで知識だけを与えるでしょう。

毎年、大学を出た若い人が就職するでしょう。知識は持っているんですが、母親が知恵を与えていないから、どうやって生活したらいいかわからない。知恵というのは何か。動物でも、食べ物の取り方、敵からの逃れ方を母親が教えるでしょう。そうしたら、あとは自分で餌を探す。自分で敵から逃れる。これは当たり前のことです。

ところが、いまの若者は知識だけしか与えられていないから、自分で餌を探すことも、敵から逃れることも知らない。知識だけだから、生きられない。こうなったときにはこうしなければいけないという知恵がないんです。だから、自分で何にもできないで、上の人からこうやれ、ああやれと言われると、それだけはする。しかし、それ以外のことがおきた場合、判断して行動することができないんです。世の中をどう渡ったらいいかわからないのです。

東大を出て官僚になってエリートコースを進んだ人が、晩年は汚職ですべてを失ったりしていますね。普通だったら、あれだけ優秀な人がそんなばかげたことをするはずはないと思います。汚職したらひっくり返るぐらいのことは、だれでも知っていますからね。それが東大を出たエリートがわからない。いまいっぱいいるでしょう。銀行にしても、みんな一流の経済のプロでしょう。それが簡単に落ちていく。知恵がないんですね。知恵がないというのはおそろしいことです。

知恵というのは、こういう環境にぶつかったときはこうやってよける。こうやって防ぐ。これなんです。歴史を絶ってしまったからです。歴史を知らないからです。昔の人は、いろいろ経験しているでしょう。その歴史を知っていれば、昔の人はこの場合はこうしてやったんだなという知恵が出てくる。だったら、それを見習って、自分もこうやって対処しようということになる。けれど、歴史を絶ってしまって、これを知らないから、いまの日本人には知恵がないんですね。

――そういえば新聞で見たんですが、若いお母さんで、子供のウンコの色が教科書どおりの色とちょっと違っている。それだけで、うちの子に何かあったんでしょうかとお医者さんに電話相談をしてくる（笑）。

それはもう母親に生きる知恵がないからなんですね。そんなので子供に伝えられるはずがありません。いまの女性は子供を産むにも、出産の本を読まなければ産めない。そんなことをやっている動物がどこにありますか。動物はみんな、メスは自然に子供を産んでいるでしょう。本がなければ子供が育てられないほど母親に知恵がないのに、子供に知恵が伝わるはずがないでしょう。いま日本はたいへんなときですね。

――そらおそろしいことですね。

ええ。だから、若いお母さんはウンコの違いもわからない。それを判断する知恵がない。子供を産む知恵がない。お父さんにしても、偉大な父親をやる知恵がない。父親というのは知識でやるものではないでしょう。昔の母親というのは、子供の額に手を当てて、これは熱があるなと、医学知識がなくてもわかったわけでしょう。しかし、いまはすぐ医者に連れて行って「どうですか」と聞かなければわからない。

この知恵を与えるのが教育です。これは母親しか教えられない。子供というのは母親と二十四時間いっしょにいるんだから、母親の行動を見て知恵というのを知るわけです。知識で教わるのではありません。その証拠に動物は言葉がないから、言葉では教えないでしょう。母親が行動で示したら、子供も真似る。学ぶというのは真似るところから始まりますからね。

つまり子供は、母親の行動を見て知恵を学びます。だから、母親はまず感謝しなさいと。神さまや仏さまや祖先に感謝することを毎日やりなさいと。あらゆるものに生かされていることに感謝しなさいというんです。これをやったら、子供は必ず真似ます。ここから知恵が始まるんですね。人生というのは、毎日いろいろなものに遭遇するものだから、いつもお恵みをくださる神さま、仏さま、命を伝えてくださったご先祖に感謝できなければ、昔からの知恵が伝わらないわけです。ところが、そういうことを全然していない。そして、知識だけ教えるからおかしくなってしまうんです。

このあいだテレビでやっていましたが、アフリカであるオオカミのような動物が、いま絶滅しそうだから、これを増やそうと、人工的に子供を育てたというんですね。オスを育てて、次に野生のメスを捕まえてくる。しばらく隣の檻で生活させた。だんだん慣れてきたと思ったら一緒にするわけです。

ところが、人工的に育てられたオスは、人間が餌を与えているから、餌の獲り方がわからない。野生のメスは知っている。わざと餌の動物を入れると、メスがそれを捕まえる。それをオスがだんだん真似して、一緒に餌の獲り方を覚えていきます。そして、もういいだろうということで、檻から自然に放す。そうすると、メスとオスが一緒に生活していく。自然の餌はなかなか獲りにくいんですが、だんだん慣れてくる。

野生にもどしてからの様子は、電波発生装置を付けているので、それで追跡して行動を見る。そうしたら、彼らは餌が獲りにくいものだから、ヒツジとか、ウシとか、どうしても人間の家畜を襲うようになる。人間がそれを防ぐために毒入りの餌を置いたら、人工的に育てられたオスは、それを食べて死んでしまった。全滅です。ところが、メスだけは一匹も引っ掛からない。これは毒だから食べたらいけないということを知っているから、一匹も死なないでメスだけになってしまったということです。

人工的に育てられた者は、食事は与えられて食べるものだと思っていますから、知恵がないんですね。この食べ物がいいか悪いかを判断する知恵がない。いまの日本人はこれと同じでしょう。

昔は、母親がこれはおかしいということを教えた。我々が子供の頃は、母親がまず食べて、ちょっとでも味がおかしいと、「これは腐っているから食べてはだめ。この食べ物はちょっとすっぱいでしょう。これは腐っているからですよ。すぐ口を洗ってきなさい」と、食べていいものと悪いものを区別する知恵を伝えてくれました。ですから、子供でも「おかしいな」と思ったら食べないんです。

ところが、この頃の母親は教えていないから、子供は知恵がなくて母親から与えられたものは何でも食べるでしょう。それでいっぺんに食中毒になるんです。そして食中毒が起きると、医学の検査が行なわれ、これはO-157という菌が原因であり、それがどの食べ物に入っていたとか、このO-157が体に入るとどこの細胞を害して食中毒を起こし、さらに心臓その他を冒して死ぬ危険もあるとか言います。そのあげく、これらは、今の検査技術が進歩しているからO-157を検出することができたなどと後から説明して、人々もこれで納得したような錯覚に陥っていますが、冗談を言ってもらっては困ります。こんなことを後でいくら説明してもらっても、食中毒で死んだ子供はどうなるのでしょうか。これはまったく現在の利己主義のあらわれで、死んだ人のことを考えずに、生きている人のことのみを考えているからです。少し話がずれましたが、いまの世の中、食べ物がすっぱくなって腐りかけているのに、子供に平気で食べさせる母親がたくさんおります。これは大変なことで、この知恵を子供に伝えることこそ、子供に命を伝え、生きていくための正しい知恵を与えることになるのです。これが現在、行なわれていない。

我々生物は知恵で生きているのに、知恵がないということは実におそろしいことです。

老いを生きる

——暗くなる一方ですね（笑）。ところで、いま日本は高齢化社会に来ているという話がありますね。

なぜ人間は老いるのかということなんですね。神さまはなぜわざわざよぼよぼにするのか。年寄りといったら「死が近づいてくる」とみんな判断するでしょう。ところが、百五十億年もかかって神さまがつくった人間の体は、そんなふうにはつくられていない。前にも言いましたが、「おいる」というのは、命を長く続けたすばらしい方という意味なんです。

若いときは体力があるから、どうしても我で生きてしまう。神さまはわざわざ若いころは我で生かしておいて、いろんな成功や失敗を経験させて、これではダメだということを気づかせる。そして、だんだん体力を衰えさせているわけでしょう。すると我がなくなる。そして最後に神の世界を見るようにさせている。これは病気をするために衰えさせているのではないんですね。老いるということと病気をするということは全然違う。体そのものは死ぬまで健康であるようにつくられているんです。

命というのは、神さまから与えられたものでしょう。これを長く続けるということは、それだけで神さまに近づいているという、すばらしいことなんです。それをいまは、老人というと世の中のやっかい者のように思って、若者一人が四、五人の老人を養うと言ったりするでしょう。とんでもない。逆なんです。

老いるというのは、命を永らえて、若者たちに本当の人間の姿というのを伝えているわけです。歴史を伝えるのが老いるということです。ですから、老人という言い方はおかしいんですね。老いる方と言わなければいけない（笑）。そうやって我をなくしていって神に近づいた姿を、若者たちに見せるというのが、老いた人です。

それなのに、人間は愚かで、老いれば老いるほど我が強くなる人がいます（笑）。昔のことに執着して、ますます頑固になったら、これは神の意思に反することです。老いたらニコニコして、本当に我をなくした生活を、みんなに見せなければいけないんです。

また一方で、本来なら老いる人は若者が尊敬しなければいけないのですが、本当に偉大な父親がいないから、尊敬という心が若者にない。そして、表面だけ見て、老人は余計だ。何の働きもしないで、ブラブラしている。あんなものは世の中の邪魔者であると思うんですね。そうでなくて、命を永らえたなんとすばらしいお方だと若者が尊敬するのが、老いた人です。

——東洋では、たとえば老賢者の思想というのがありますね。大老とか老中とか、昔は、年を取るということは、立派なこと、すぐれたことだったわけですね。

今でも立派なことのはずです。百二十五歳まで生きられるように人間の体はつくられているんですから、本当は百二十五歳まで生きなければいけないんです。本当に我をなくしたら百二十五歳まで生きることができる。そのように人間の体はつくられているわけです。これは医学的に正しいことです。

――人間は百二十五歳まで生きられるのですね。

ええ、生きられるではなくて、生きるようにつくられている。動物は成長が止まるまでの年数の五倍が寿命だといわれています。ですから成長の早いネズミは短命だし、反対にゆっくり成長するゾウは何十年と生きるわけでしょう。人間は二十五歳まで脳が成長するんですね。だからその五倍の百二十五歳までは生きられるということになります。しかしまだまだ人間は進化の途中だから、そこまで生きる人はいないけど、あと何千年か何万年かたってもっと進化してきたら、みんな百二十五歳まで生きるようになるでしょう。そのときにはじめて神の世界を見るのではないかと思うんです。

動物は死ぬまで現役です。ですからメスは死ぬまで子供を産み続け、子供が産めなくなって現役を離れたらそのまま死んでしまいます。だけど人間は子供を産めなくなってからが長いでしょう。女性が子供を産むといったら、最近はもう五十歳で産む人は少ないから、大体四十歳すぎぐらいで、そこから百二十五歳までといったらあと八十何年は子供を産まないで生きることになります。男性で全然女性に興味がなくなっても、何十年も生きなきゃならない、これは厳しいでしょうね（笑）。これが動物と人間の違いなんです。それから進化を続ける。よぼよぼになってもだめです。死んでもいけない、逃げてもいけない、健康なまま百二十五歳まで生きて大往生する。そうならなくてはいけないんです。

母が健在だった頃、「おまえには解らないだろうけど、年を取ってくると毎日毎日生きているのが苦しみなんだよ」と言っておりました。それが自分が年を取った今、本当に実感します。年を取ったら若い時のようには体が自由に動かない、美味しいものがたくさん食べられるわけでもない、持病があったら旅行もままならないでしょう。楽しみがないんですね。それを希望をもって、我欲を祓いながら長生きするのは楽なことではありません。それでみんな苦しくて、百二十五歳になるまでに死んでしまうんです。

それで人間はまだ進化の途中だから、いまはいろいろなことをやっているんです。やりながらいろいろな経験を積んで、だんだん我をなくして百二十五歳まで生きるようになれば、天寿をまっとうすることができる。そのときはじめて神の世界を見て、あの世へ行くわけです。

――それでは人は、どのように老いていけばいいんでしょうか。

それはまた進化の話になりますね。進化というのはまず昔からの伝統や歴史を伝えるということです。それから、環境に順応して耐える。そして、その環境が去っていくのを待つ。これが進化なんですよ。だから、人間も進化して、神の世界を見られるようになるには、まず伝統を伝えなければいけない。いわゆる生きるための知恵を伝えることですね。それが老人の役目なんです。

ですから、両親からは具体的に生活する知恵は伝わるけれども、年代が接近しているから歴史は伝わらない。そこへ行くと、おじいちゃん、おばあちゃんは、人生経験が長いから、孫に歴史が伝わる。そのために年寄りは長生きしなければいけない。

年をとったら、仕事を離れたし、年金もらって生活には困らないから自分の趣味に生きようとか、ゲートボールをしようとか、旅行しようとかというのは違うんです。そんなことばかりしているから、若者が老人をバカにするわけでしょう（笑）。そうではなくて、死ぬまで伝えなければいけない。それも言葉で伝えるのではなくて、生活態度で示す。最後に、自分はこれから故郷に帰ると言ってコトッと大往生する。

このごろはみんな病院で死ぬでしょう。点滴されて無様な格好で死ぬから、老人を尊敬しないんですね。子供たちは死というものを見ないわけです。本当は人間が往生していく姿を見せなければいけない。それが老いる人の役目でしょう。だから、六十歳や七十歳で死んだらいけません。少なくとも百歳を超えなければいけない。そして、こうやって我をなくせば百歳まで生きられるということを示すことです。

それも、よぼよぼで生きたらいけないんですね。健康でいなければいけない。老いるということと病気をするということは違います。こうやって生きたら百二十五歳まで健康で生きて、最後には我をなくして神の世界を見て、また自分が生まれ出てきた故郷へ帰る。老いる人がこれを見せるようになったら、すばらしい子供が育っていくと思います。

私が、本当に信仰する人はすばらしいと思ったのは、うちの祖父の影響です。祖父は軍人でしたが、非常に信仰心の厚い人で、私はこの世の中でいちばん尊敬しているのは祖父です。毎日いろいろな昔の話を聞かせてもらったし、聞くのが楽しみでした。その祖父が、私が旧制中学四年のときにうちの座敷で死んだのです。いまでも忘れませんが、いわゆる大往生です。軍人だから体格がいいんです。それも眠るがごとくというか、そこに暗さとか、死の悲しさというのはまったくありませんでした。信仰のある人というのはこんなすごい死に方をするのかと、いまでも忘れられません。ですから、死ぬんだったらこういう死に方をしたいなと若いときから思っていました。いまでも思っています。できるかどうかわかりませんが、死ぬときは大往生で死にたい。それが夢ですね。あれが本当の死に方だと思います。往生ですね。昔はそういう人が日本にもたくさんいたわけです。そういうものを子供たちが見てきて、やはり死の尊厳を知るとか、老人の偉大さをみんな知って、尊敬していたわけでしょう。

世の中が悪いとか何とかと言うけれども、いまは老人が老人の役目をしていない。だから、核家族でも老人がすばらしい死に方をしたら、みんな見直すでしょう。そして、老人を尊敬するようになる。そうしたら、また若者が老人と一緒に住もうか、ということになってくると思います。やはり年寄りと一緒にいなければ、子供の教育はできないということがわかってくるようになると思います。そうやってまた真実の生き方、原点に戻っていくのだと思います。

今は人間の本来の生き方を見失っているから、世の中がこうなったわけでしょう。それは歴史を知らないからです。歴史を見て、人間というのは何のために生まれてきたのか、どうやって生きるのが本当の人間なのかということがわかったら、正しい生活ができてくる。みんな昔はおじいさん、おばあさんからさまざまな知恵を教わってきたわけでしょう。いろいろありますね。食べてすぐ寝たら牛になるからいけないとか、あれもデタラメではなくて、食事の直後に寝ると消化によくないという経験から言ったわけでしょう。そういうおとぎ話みたいなことが本当の知恵なんですね。おとぎ話というのは、不思議な話のようでも真実のことを伝えているんです。それを物語ふうにわかりやすく言っただけです。それをいまの子供は知識で、科学の世の中におとぎ話はいいかげんだと言う。そういうことではなくて、おとぎ話というのはどうしてできてきたのか、何を伝えているのかということを考えることが大切です。

人間の死について

――最後に、先ほどから往生という言葉も出ていますが、死とどう向き合うか、死とは何かということについてお願いいたします。

我々は昼と夜が別々に存在するように思っていますが、この大宇宙の全ては闇の世界であって、夜の世界が真実の世界です。この地球だけに空気があり、太陽の波動が反射して明るい日光が表れたために昼となったけれども、これは単に日光によって夜の世界が見えなくなっただけなんです。それが証拠に、日光を全て遮断するとそこに闇が表れてくるでしょう。

すなわち、昼の世界と夜の世界というのは、一つにくっついた世界なんです。これと同じで我々が昼の世界に生きているのと、祖先が夜見の世界で生きているのはくっついていて、お互いが循環しているわけです。ですから私がここで言いたいのは、肉体が死んでもこれが世の終わりではないということです。この世は全て循環とバランスで保たれています。だから、昼と夜が繰り返すように、この現世の我々の命と、夜見の国に生きている祖先の命とはつながって循環していて、お互いにバランスを取っているために、ともに生きることができるのです。

サケは自分が生まれた川上から川を下って海に行って、海でいろいろな経験をしながら成長します。そして再び元の川を上り自分の生まれた川上に帰ってきて子供を産んで、親は死んでいくでしょう。これが生物の生と死の循環の基本の姿を現わしていると思います。

人間も夜見の国から十月十日かかって、おぎゃーと泣いて、このうつし世に誕生して、昼の世界でいろいろな経験をするでしょう。一生を過ごしたら、また生まれ故郷の夜見の国に帰っていくのが、いわゆる往生だと思います。こうして夜見の国と現世とは循環し、人間は進化していくのだと私は思っています。

春日祭・神酒献上

——なるほど。ここでも循環とバランスなのですね。

ええ。人間は脳が発達して、たくさんの知識を得たので、何でも理屈で理解するようになりました。しかもすべてを人間中心に考えて、正不正、善悪、損得……と、判断しているでしょう。これが大変な間違いなんだけれども、ちっともそれに気がつかないために現在のような乱れた世の中になったのです。

物事が理屈に合わないから間違いだとか、科学で証明されないから信じないとか、ほかにも人間に害があるから害虫だとか、ばい菌だとか、いろいろ勝手なことを言ってこれを殺しまくっている。しかし人間の理屈に合ってても合わなくても、科学で証明されなくても、この大宇宙の神秘的な仕組みは百五十億年の昔からずっと存在しているし、続いているわけです。

人間はいつも人間の側からだけ物事を見て、判断して、反対側からものを見たり、考えたりするということに気がついていません。たとえば、人間は自分が自然を見ているんだと考えて自然を破壊してみたり、また人間の力で自然を回復させようなどとしているでしょう。けれども、自然もまた人間を見ているんですね。草や木も、またたくさんの生物も人間を見ているのに、我々はそれらの生物が人間をどのように見ているかなんて、まったく考えていないでしょう。だから、人間が自分たちが生きるために自然を破壊したら、自然もまた自分たちを守るために人間を破壊するということが分かっていないんですね。

しかも人間は自分の力だけで生きていると思っている人が多いけれど、これは大きな間違いです。神さまから見たら、人間も神さまの導きで生かされている多くの生物の一つに過ぎません。百五十億年の昔、神の真実の世界を認めさせて、これを表現させる人間という生物を造ろうという、神さまのお心から全てがスタートして、そこから大宇宙を膨張させ、無数の星を誕生させ、百億年経過して今から約四十五億年前に太陽から地球が誕生し、そして十億年経って地球の水の中に生命が誕生し、それがずっと現在まで続いているのが、我々の命なのです。

つまり神さまのお心が波動となって宇宙の全てを造り、それが三十五億年前に生物の生命、すなわち生きる知恵となって、それを祖先が次々に伝えてくれたおかげで現在があるわけです。だから、我々が現在生かされているのは、神の恵みと祖先の恩によって生かされているということです。だから神道にもあらわれるように、感謝して共に生きるという古来からの日本人の生き方は、まさに真実の生き方ということになります。

ところで、「世の中に直線というものはありません」というと、「そんなばかなこと」という人がいますが、これは本当のことなんです。なるほど、一部だけを取ると、直線が存在するように見えますが、これが無限に続くと円になるわけでしょう。実際、この宇宙に直線、一方通行というものはなくてすべてが円、つまり循環とバランスの仕組みで成り立っているわけです。

宇宙に星がいっぱいありますが、これらはお互いのバランスで小宇宙が作られて、またその小宇宙が無数の小宇宙とバランスを取りながら回転して、周回軌道を際限もなくぐるぐる回り続けています。人工衛星でも、軌道に乗らなかった衛星はどこかに飛んでいってそれっきりになってしまうでしょう。だから、循環しないものはそれで終わりになってしまうんですね。

つまり、我々の生命も、自分が生まれてから死ぬまでの、わずかな期間だけで考えるから、個体が死んだら終わりみたいに思っている人がいっぱいいます。けれど死んでなくなるという意味の死は存在しないんですね。大宇宙の大法則によって生かされている我々の生命もまた循環し、永遠に続いているのです。ということは、人間の生命は神から与えられた尊い命なので、夜見の国におられるご先祖さまと現世に生きる我々の命とは、循環でかたく結ばれ続いているということになります。ちょうど太陽と地球が、引力で引っ張り合いながら自転して昼夜を繰り返しているのと同じです。ご先祖さまと生きている人間が、生と死との循環の中で、広大なお恵みと感謝のこころという形で引っ張り合い、バランスを取ることで世界が保たれているということになるわけです。

昔から多くの武士が、国や主君のために充分な働きができずに死んだ時、再び生まれ変わってその志を貫けることを信じ、いさぎよい死を迎えていきました。私はこれは、迷信でもなんでもなく、大宇宙の循環の法則に従って何度も祖先の魂がこの世に生を受け、生まれてくるという真実のことを、昔の人が知っていたのだろうと考えるのです。

――生まれ変わることによって命が続いていくわけですね。夜見の国というのはあの世ということでしょうか。しかし科学漬けの社会で生きている我々には、なかなか分かりにくいものですね。

死後の世界は、もちろん人間は見ることはできないので、そんなものは存在しないと考えている人は多いようです。しかし、例えば人間は昼に活動しますから、昼は明るく夜は暗いというのが真実だと考えていますが、夜に活動する夜行性動物は人間とは全く反対で、夜活動して昼に休むでしょう。その動物になったわけでないから、もちろん本当のことは分からないけれど、それらの動物はおそらく、夜になると物が見えてきて、逆に昼明るく

生きる知恵＝生命（いのち）

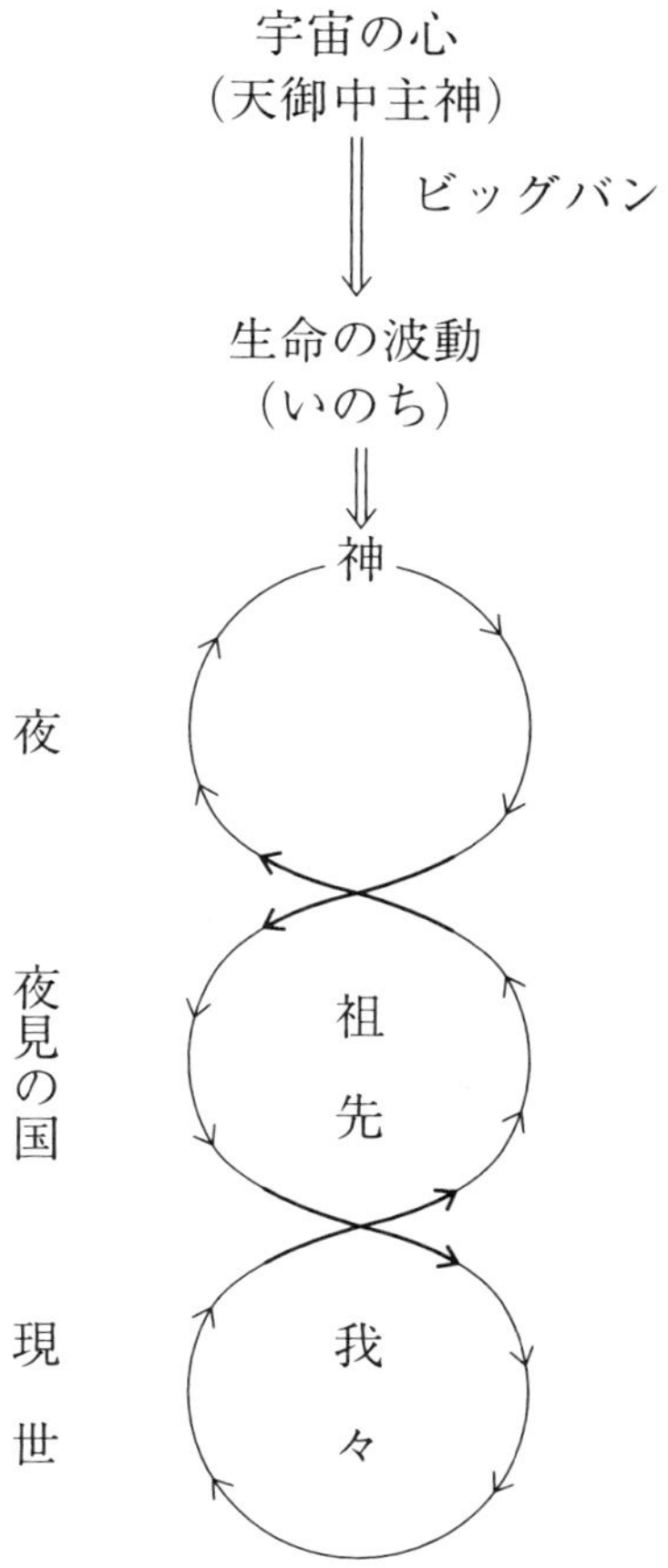

宇宙の心
（天御中主神）
ビッグバン
生命の波動
（いのち）
神
夜
祖先
夜見の国
我々
現世

なると見えなくなるのではないでしょうか。このように考えると、人間が死後の世界を見ることができないから存在しないというのは、非科学的な思い込みだともいえます。夜を見ることのできる生物が、あるいは死後の世界を見ることができるのかもしれないでしょう。土の中や、太陽の光が全く届かない深海に住んでいる生物は、どのようにものを見ているのでしょうか。人間は目でものを見ると思っていますが、深海の生物の中には、目をもっていない生物もたくさんいます。そういう生物は目以外の器官でものを感知しているわけでしょう。

このように、地球のことに限っても、我々人間が見ることも考えることもできない世界が無数にあります。だから個体が死んだら生命は終わりであると一方的に決めるのは間違いだと思います。

人間の体は宇宙の縮図であって、宇宙の神秘的な仕組みそのもので作られています。人間の赤ちゃんはだいたい十月十日の妊娠期間があり、お母さんのお腹の中でだんだん大きくなって、通常五体が整ってオギャーと生まれてきます。この逆をいくのが「死」だと私は考えています。「死」という一点があるわけではなくて、死んでいく状態があるわけです。人が生まれるのに十月十日、一年くらいかかるのだから、死んでいくのも一年くらいかかって夜見の国に行く。そうでないと、循環とバランスの仕組みではないわけです。

だから人体の死は、死の始まりなんです。これから死んでいくわけです。だから「死」ではなくて、いわゆる昔の人が言ってきた「往生」という言葉が合っているように思います。そして死んでいく時も生まれてきた時と同様に、五体が揃っていなければ夜見の国には行けないのでしょう。

それで「死」とは、これから死んでいくそのはじめだから、昔の人は無事にあの世に行ってくれるように供養やお祭りを行なってきたのです。十日祭、五十日祭、そして一年祭と節目ごとに、故人の冥福を神さまにお願いして、夜見の国に行かれても幸せな生活をされるようにと、つねに感謝の祈りを続けてきました。ただ死んで、それで終わりということであれば、何も供養ということは必要ないでしょう。供養してきたということは、昔の人は循環とバランスの法則を知っていたということです。それを脳が機能を停止したからといって臓器を取って、五体が揃わないまま死に始めたら、この人はどうなるのでしょうか。これでは往生できないでしょう。そうするとあの世にも行けないし、この世のものでもない、あの世とこの世の間で循環が止まってしまうわけです。

脳死と臓器移植

――「死」がその一瞬ではなくて、死んでいく状態であるなら、では「脳死」はどう考えたらいいのですか。

現在、医学界で脳死と臓器移植ということが毎日のように問題になっています。脳死という、脳の機能は停止しているが心臓は動いているという状態は、人工呼吸器が現れて始まったことであって、以前には脳死ということはありませんでした。これは、臓器移植をするためには、提供者の心臓が動いている状態で取り出さないと移植が難しいので、脳死が死であるとかないとかの問題が起きているのです。

――人の生死に、その人だけではない他の人の命が関わってきたわけですね。

そうなんです。医学界では、心臓がたとえ動いていても脳が機能を失っているから、これは死であるとしています。しかし、以前は、呼吸停止、心臓停止、瞳孔散大や対光反応の喪失、この三つが揃って初めて医者は死としてきました。けれどこれもまた明治以後、西洋医学が取り入れられてからのことで、それまで死者は土葬されていたんですね。

しかし、伝染病その他の衛生上のことから、火葬に変わってきたために、いつまでも死体を置いておくわけにはいかないから、法律でこれを死と認めてもいいという資格を医師に与えただけの話です。それまで日本人は、死者のよみがえりを願って、家族、そして周囲の人が何日も祈りをささげました。よみがえらないかもしれませんが、もしかしたら、よみがえってくれるかもしれないからです。そしてどうしても現世によみがえってくれないことを知って、初めて死と認めて埋葬したのです。

現在でも、この日本人のよみがえりを願う姿が、わずかに残っているのがお通夜ですね。たとえ医者が死と認めても、すぐに火葬することはできません。一日以上の通夜をしなければ現在も火葬することはできない決まりになっていて、これは、もしかしたらよみがえるかもしれないという古来からの日本人の心が残っている証拠なのです。

このように死とはどのようなものであるか、私たちにはまだ十分に分かっていないのに、脳死は死であると人間が勝手に決めることは、まさに神を冒瀆した人間の傲慢であると私は思うのです。

人間の体は、神さまから与えられた命によって造られたのでしょう。神から与えられた心と肉体は一つのものなのに、いまだに人体を自分のものと考え、心と体を二つに分けて、身体を取り替えても心の同一性は守れると考えている現代人がたくさんいるのです。

そのうえ、現代人は多くの知識で科学を発達させ、身体の延長として道具を使い、機械を発達させたことによって、人間はどれほど傲慢になったことでしょうか。神に代わって、自然をもどのようにでも支配できると考えているのではないでしょうか。さらに、現代人は個人の福祉を絶対視し、現在生きている人の幸福のみを考え、死後の世界、死者の幸せなど全く考えない人がたくさんいます。このような行き過ぎた自分中心的な考え方は、現代人の利己主義の現われに思えてなりません。根底には「自分さえよければ他の人に迷惑をかけてもかまわない」という生き方が見え隠れしています。

人は一方的に「これは死だから」と決めつけて、他人の臓器を取り出して移植することが人助けになり、正しいことだと言いますが、これは現世に生きている人のことだけを考えるからです。それでは死んでいく人はどうなるのでしょう。これはまったく考えられていません。死んでいく人を切り捨ててしまって、生きている者だけが生きる。果たしてこれで本当に幸せになるのでしょうか。夜見の国に逝かれた祖先の幸せなどまったく無視した現代人の姿勢は、死者のよみがえりを願っていた日本人の心を忘れた、悲しむべき姿であると私は思うのです。

――先ほども言っておられたように、人は一方の側からしかものを見ないということですか。

ええ。私は医者となって、大学病院で研究を続けて博士号をもらいました。その時に人体は祖先の生きる仕組みと現世の我々が生きる仕組みとが循環してつながっていて、それによって生かされていることをあらためて知ったのです。それで私は医学で言う「死」が、本当の死ではなく、昔から生命のよみがえりを祈ってきた日本人の考え方、生と死とがつながり循環しているという考え方のほうが正しいのではないかと思うようになったのです。

日本人は古来から祖先の、夜見の国での幸せがあってはじめて現世の我々の幸せが存在すると考えておりました。それゆえ、この世を夜見の国の現世《うつしよ》と言ったのです。死者の幸せを願わずして、どうして現世の幸せがあるでしょうか。

現在、クローン生物という言葉がマスコミにもよく出てきますが、これは体のどこかの細胞の遺伝子で、その生物と全く同じものを作ることでしょう。これはまさに我々の体を作っている無数の細胞一つ一つに、その生き物を形造る神の心が宿っていることにほかなりません。脳死とは、脳の機能が失われた状態で、脳死はそのまま人の死であると言って譲らない人がいます。よしんば脳が死んでいるとしても、人工呼吸器によって心臓が動き、血液が体内を循環しているのですから、脳以外の体の細胞は生きているのです。このことは、一つの身体に死んでいる部分と生きている部分とが同居しているというまことに不自然な状態と言えるでしょう。そして、生きている体から生きている臓器を取り出すということは、どういうことになるのでしょうか。なんだか頭の中が何か混乱してくるような気がしませんか。

——しかし、臓器移植という技術は、いま病気の人にとっては頼みの綱なのではありませんか。

医学の歴史を見れば、その時には唯一の治療法として行なわれたものが、年月が経過すると、いろいろな副作用が現れていつのまにか消えてしまい、それに代わってまた新しい治療法が現れてくるということが、常に見られます。ですから、現在では唯一最高の治療法と思われている臓器移植も、何年か先にはそれに代わる治療法が現れてくるかもしれません。

戦後、日本人は日本人としての誇りと自主性を失ってしまい、なにごとも欧米の国のやっていることが正しく優れていて、これと違っていると、日本人は間違っているとか劣っていると考える人が多くなってしまいました。脳死、臓器移植についても、他の国では脳死を死と認めて臓器移植が行なわれているのに、日本人は脳死を死となかなか認めようとしない。このことを、日本人は間違っている、他の国より遅れていると勘違いしている人が多いのではないでしょうか。戦後すでに五十年も経過しました。もういいかげんに他の国と比較して決めることをやめ、日本人本来の心、日本人本来の生き方に目覚めないと、日本という個性を持った国がなくなってしまうだろうと思います。

脳死、臓器移植が真実の正しい治療法であるかどうかは他の国とは関係のないことです。加えて、臓器移植のために脳死を人の死として認めるか否かというのは、臓器移植の技術的な問題を、人の生死という深遠な問いにすりかえた非常に危険な考え方です。そして問題は、日本人が古来より伝えてきた神道に見られる真実の生き方から、判断すべきことなのです。

——それにはどう考えたらいいのでしょうか。

私は長年、外科医として手術をおこなってきましたが、本当の手術と言うのは、医者の知識や技術で患者さんの手術をしたのでは最高の結果は得られない、ということを経験を通じ、真実として知りました。だから四十年ものあいだ、医者としての我を捨てて、百パーセント神に導かれる手術を行ないたいとずっと努力してきました。

患者の人体の組織はできるだけ切除しないように注意し、どうしても切除しなければならなかった時は、その組織をアルコールかホルマリンの入ったビンに入れて密封して患者さんに渡し、家でねんごろな祈りを捧げた上で、清らかなところに埋めて土に返すように言ってきました。小さな肉片でも、すべて神が創られたものであり、今までその人の体の一部として働いてくれたのですから決して粗末にしない。不必要な組織だといって捨ててしまって、残った身体が真実の体に回復し、健康になることがあるでしょうか。たとえガン細胞でもそれを捨てないで心から感謝してこそ、初めて患者さんの真実の健康を回復することができると思います。

近年、医学は目覚ましい進歩を遂げましたが、それと同時に、身体をモノとして扱うようになってしまいました。このため、医学界にいろいろな問題が起きてきたのです。輸血も、かつては日本人は日本人から血をもらい、しかも親、子、親類など、血縁の深い人から血をもらうのが最もよいというのが常識でした。それゆえに、以前は血を提供してくれた人に心から感謝をしておりましたが、血液銀行(ブラッドバンク)から血液が供給されるようになってからは、血液を物体として扱うようになり、また外国から血液をお金で買うようになってから、それ以後、肝炎とかエイズとかいろいろ輸血による副作用がたくさん現れてきました。移植を行ないまた移植を受ける人も、提供してくれる人に心から感謝を捧げることによって真実の人間医学が行なわれ、また真実の健康に回復することができるのではないでしょうか。

本当の医学、医療の目的というのは、人間本来の姿に返すということです。病気の人を移植で治療するのではなくて、病気にならない体にしていくことが大切なんです。おそらくそういう世界になるでしょう。

これからは本当の世の中が現れる時代になるでしょう。あらゆる面において嘘は通用しない時代がやってくると思います。やってこないと困るわけです。なぜならいまはすべての人が心のなかで、自分では気がついてはいなくても、真実の世界を求めているからです。だから逆の意味で、素晴らしい人間本来の生活を失ってしまった現在は、みんな不安でしようがなくなるんです。

だから、私はみなさんに言っているんです。真実の神道をやりなさい。真実のお祭りをやりなさい。真実のご祈禱をやりなさいと。この、すべてのものに感謝する心、これこそ、祖先の伝えてきた日本人の真実の生き方であり、ここに日本人の生きていくべき道が示されていると信じています。それを本当はみんなが求めているんですが、真実がわからないんですね。それを見てもらうようにするのが神社であると私は思っています。

祈年祭・宮司柏手

第四章　これからの時代

東洋の医学——病いと健康

——人が生きていくうえで、病いとか健康ということについてどうお考えですか。そのへんからお聞きしたいと思います。

前にも言いましたが、西洋の人たちには、どうしても自分の力で自然を変える、また征服して生きていく、という思想が根底にあるものですから、病気というのは、人間の体が病気という不自然な状態になったので、これを何とか征服しなければいけない。そして、これを取り除かなければいけないという考え方なんですね。だから、病気を克服し征服して、健康につくりかえようというのが、西洋人の病気に対する考え方なんです。

しかし、東洋人、とくに日本人にはそういう考え方はなくて、人間の体というのは神さまからいただいたものである。だから、いまの理屈でいえばビッグバン以来、約百五十億年かかって、神さまがお造りになられた体だから、そんなに簡単に病気になるわけがない。本来、人間の体というのはすばらしいものであるという考えが根底にあって、加えて神さまのお力によって生かされている。感謝の生活を通じ自然と共生するのが人間の真実の生き方だという思いが根本にあります。病気についても、その病気の状態を克服して、健康に戻そうという考え方は見られません。そこからでてくるのが「祓い」です。つまり、人間の体は本当はすばらしく、健康な状態なんだけれども、人間の我欲というもののために、健康な体を包んでしまうようないろいろな「つみ」とか、あるいは神さまが生かしてくださる気を枯らしてしまうような状態とかになってしまっただけである。だから、この我欲を祓い除くことができたら、またすばらしい健康な状態が現れる。これが日本人の健康に対する考え方なのです。

西洋人の医学は目で見る医学ですし、理屈で成り立っていますから、目で見てその病気の状態があると、それを克服しようという考え方が出てきます。しかし日本人の考え方はそうではなくて、人間の体の奥にあるものを見ているわけです。そこから罪・穢を祓ったら、その奥にある本当の姿が現れるという考え方が出てきたのです。私は日本人のこうした考え方のほうが正しいと思うのです。

中国で発達した漢方、東洋医学というのは、西洋の医学とは違い、むしろ日本人の考え方とよく似ています。つまり人間の体は循環とバランスによってつくられていて、その全身の循環とバランスが崩れた状態が病気であるという考え方です。ですから、循環とバランスを元に戻せば、本来の姿が現れると考えるのです。

東洋医学には病気という局所を治そうという考えはありません。だから、病気になるといろいろな症状が現れるけれども、これはバランスが崩れていますよという体の訴えであるととらえるのが、東洋医学です。

西洋医学はそうではなくて、病気の状態になったからそういう症状が出てきたという考え方です。東洋医学はそれとはちがって、ただバランスが崩れていることを知らせているのが症状だから、その症状に一つひとつこたえてあげれば、元のバランスの取れた健康な状態になる。現在もそういう考え方で行なわれています。

具体的にいいますと、たとえば胃が悪いというと、西洋医学では胃だけの検査をして胃の治療をしますね。ところが東洋医学では、胃の悪いのはバランスが崩れているからということで、経絡《けいらく》というエネルギーの経《みち》を考えるわけです。

これはもちろん肉眼では見られない。見られないけれども、観念的というか、霊的というか、目で見えないエネルギーの経というものがあって、それによってバランスが保たれているというのが、東洋医学の考え方なんですね。ですから、胃の悪い人を治すのに、足の膝の外側にある三里というようなところに、お灸をすえたり鍼を刺したりして治すわけです。

西洋医学の立場では、胃と足とは何の関係もないと思われるけれども、東洋医学の宇宙の仕組みから見ると、胃のことをつかさどる場所が足にあるということになるわけです。実際そこにお灸や鍼をすれば、胃が活発に活動することが、レントゲンを通してだんだんわかってきました。とんでもないところに病気を治すツボがあるわけです。ですから、実際に目で見て治療する西洋医学と異なり、東洋医学や日本医学は、宇宙の仕組みというか、循環とバランスの仕組みから治療を行なう医学なんですね。

極端なことをいえば、東洋医学では病名はどうでもよくて、症状を重んじる。症状とつながっている場所がいわゆるツボです。そのツボを刺激することによって症状が改善される。そういう仕組みなんですね。私はこういう東洋医学のほうが正しいのではないかと思います。

改めて申しますが、西洋医学では目で見て、悪いところを取り除こうということで、切ったり貼ったりする外科が発達しましたが、東洋医学では外科というのはまったく発達しなかった。これは、悪いところを見るというのではなくて、体の循環とバランスをみるということに主眼を置いているから、悪いところを取り除こうとする外科は発達しなかったのです。昔は東洋医学というのは非科学的であるとか、あるいは即効性がないとか、さんざん言われてきましたが、現在は即効性についても、症状によっては西洋医学よりもはるかに効き目があることが分かってきました。

日本に東洋医学が入ってきたのは飛鳥時代くらいでしょうから、日本でも千数百年の歴史があります。最初はただ真似るだけでしたが、次第に日本独特の医学になり、江戸時代には立派な日本医学がありました。すごい先生がたくさんいましたが、明治になって西洋一辺倒という政府の方針で、東洋医学を医学として認めなくなってしまって、単なる民間療法になってしまった。そのために、千数百年かかって発達してきた日本の医学というのは、そこで消えてしまったわけです。非常に惜しいことです。そうでなければ、現在もすばらしい日本医学が日本にあったと思うのですが、残念ながらなくなってしまいました。

ところが最近になって、また東洋医学というのが見直され、脚光を浴びてきています。私は西洋医学だけでなくて東洋医学もやっていますが、日本でいう東洋医学というのは、中国の東洋医学そのものではなくて、日本流に変えた日本独特の東洋医学なんです。日本人の体に合わせた日本医学を考え出したわけです。同じ鍼治療でも、中国と日本ではまったく違います。中国へ行って東洋医学を見たことがありますが、中国の鍼治療というのは、とても日本では考えられないようなすごい治療を行なっています。鍼ひとつにしても、その太さ、長さが全然違います。

特にびっくりしたのは、頭痛を治すのに、額から鍼を刺して頭を一周させて、反対側から鍼を出してくる。それも畳針のような太いものを使って頭を一周させる。そういうことをやっていました。日本ではとても考えられないことをやる。腹痛の手術でも、胃からへその下まで突き通すような太い長い鍼を刺している。それで治療をしていましたが、日本ではそんな治療はやっていません。日本の医学というのは日本流にして、鍼も細く短く、しかももっと効果があがるというものを、日本人は考え出したわけです。日本流にアレンジしたんですね。

ご存知のように、日本人というのは外国のものを取り入れて自分のものにしてしまうという、まれなる特色があります。だから鍼でも、中国とは違って細くて短い鍼を使いながらも、中国にまさるとも劣らない効果を出しています。人間に与える刺激は最小限度にしつつ、しかも最高の効果を出そうというのが、日本医学、鍼治療なのです。

いま日本人は、ジョギングをして体を鍛えたり、健康食を食べたりして、健康という状態をつくりあげようといろいろな努力を重ねています。しかし本当の健康というのはそんな方法で手に入れられるものではなくて、もともとは健康なんだから、バランスを整えてもとに戻す。この考えにのっとった方法が本当の健康法だと思うんです。

加えて体のバランスを整えるその根本は、生かされているということに感謝する心を持つことだと思うのです。そうすると、脳から正しい指令が出て、体のバランスが整う。これをしないでバランスが崩れたまま、いくらジョギングをしようと、栄養のあるものを食べようと、そんなことは真の健康には全然役立たない。健康にするのではなくて、もともと持っている健康の状態に戻ることが大切なのです。

それには、まず第一に心のバランスです。自分の力で生きていると考えることは、共生という本来の姿を忘れた我欲であって、もうすでにバランスが崩れているのです。生かされていることを知り、ひたすら感謝することが、我をなくす精神状態ですから、そういうふうになれば、おのずから体も整ってくるのです。

真実の人生に目覚める

――自分の力で生きていると考える時点で、もうすでにバランスが崩れているわけですね。

ええ。そこがいまの人間がいちばん間違っているところです。生かされているということに気がつかない。生かされているということに気がつくということ、神さまから与えられた体に感謝する、すべてのことを神さまに感謝するということによってはじめて、真実の健康につながっていくのです。これをやらないで、ジョギングしたり何かするのは、やっぱり自分の体は自分のものだと思っている我欲の現われなんですね。

生かされているということに感謝すれば、食事にしても何を食べたら良いとか悪いとかということを体が伝えてくれるんです。そしておのずと悪いものは食べなくなります。いまは逆で、体のバランスが取れていないから、人から教わらないとその善し悪しの区別もつかない。だから、感謝の念によって少しでも体が神さまに近くなれば、自然と食べていいものと悪いものという、ものの判断ができるようになるのです。

その証拠に、野生の動物には食中毒はないでしょう。野生の動物はみんなそれを知っているから、体に悪いものは絶対に食べない。また食べ過ぎということもありません。必要な量以上は食べないからです。人間だけが、食べ過ぎとか、食中毒を起こす。これは本来の人間の姿ではないからなんですね。

自分で言うのもおかしいんですが、私も春日大社に来て、日々のご奉仕によってだんだん神さまのそばに近づいてくると、本当に自分が食べたいものというのがわかってきて、それ以外のものは食べたくなくなりました。いま現在の自分の体に必要なものだけを自然と食べ、それ以外のものは体が受けつけなくなってきたのです。

私もだんだんと年を取り、普通でしたら病いの床に臥していてもおかしくはないのに、不思議と最近は健康になってきたようです。これは自分で健康になろうと思っているわけではないのですが、やはり自然にそうなってしまうんですね。私はいわゆる検査とか人間ドックというのはほとんど受けておりません。もし検査してみて肝臓が悪いから食養生しなさいと言われても、これ以上は食養生はできないんですね。最小限の食事しか取っていませんから、これ以上養生できないわけです。だから、検査は私にとって無意味なんです。検査してはいないから詳しいことはわかりませんが、とにかく最近、非常に健康になって体力も出てきました。

健康には精神的なバランスもそうなんですが、次に血液の循環をよくしなければいけない。それだけは毎日やっています。血液の循環をよくするというのは、体操とかジョギングというけれども、あれは本当に血液の循環をよくするものではありません。結局、血液というのは大きなところではなくて、細かいところの血液の循環がよくなければいけない。

このいちばん細かいところをやるのが皮膚ですね。皮膚のなかには細かい血管がある。この血行をよくすることが大切なんです。そのために毎日朝晩、マッサージをしています。

それから、血液がたまるところは筋肉です。筋肉から血液を絞り出すというのが、循環の基本なんです。これはジョギングや体操では絞り出せない。結局、筋肉を伸ばすということが必要なんです。毎日の生活では、筋肉は使い方によって伸びないところもありますから、体の後ろ側、たとえば腰から足にかけて全部伸ばす。今度は逆に腹側をそっくり返して伸ばす。それから両脇を伸ばす。こういう体操を毎日欠かさずやっています。

つまり皮膚と筋肉を伸ばすことによって血液の循環がよくなる。あとは精神的に生かされているという感謝の生活をしていると、バランスが整ってくるから体が整って健康になって力が出てくる。人に言っているからには、やはり自分で実行し、健康にならなければいけないと、小さい時から欠かさずに続けています。

——継続は力なりという言葉がありますが、持続するということが大切なんですね。

ええ。続けるというと、一週間とか十日続けると考える人がいますが、そうではなくて、続けるというのは一生ということです。だから、やり出したら毎日やることが肝要です。毎日やっていると、気がつかないうちに健康になっている。これが本当の健康です。無理に体操しても、そうした無理というのは続かないから、毎日できる簡単なことを続けるというのが、健康の基本だと思います。ですから、健康の根本となるお祓いでも、生まれたときから死ぬまで続けることが必要だと思うのです。我欲を祓って、祓って……、少しずつでも持続することによって神に近づくわけでしょう。

要するにこの世の中で続くというのは命だけなんです。生命以外に続くというものはありません。個々は死んだとしても、その命を次の世代に伝えていく限り、命というのは続くわけなんです。そして逆に物事を続けると生命がよみがえるということなんですね。しかも、悪いことを続けたらいけませんが、神の意思に沿ったことを続けるということがいちばん大切なのです。

地球も太陽の周りを四十五億年回って循環とバランスの絶妙な均衡によって、人間が誕生してきたのです。地球は何もしていない。ただ太陽の光を受けて自分で回転しながら太陽の周りを回ったというだけでしょう。そして四十五億年回ったら、人間が生まれてきたということなんです。だから、続けるということによって生命というものが生まれてくると思うのです。

続けることが最高の健康法だと思うのです。だから赤ん坊から年寄りまでできることを続けることです。ジョギングなんていうのは若いときしかできないでしょう。年を取ると走ることはできない。そういうものよりも、よぼよぼになっても続けられるものがいいんです。皮膚の血行をよくするマッサージなんていうのは死ぬまで続けられますから、これはとても良い健康法だと思います。

これは健康の話だけではありませんよ。長い人生において年を取って暇になったからと言って、趣味を続けて気楽に余生を送ろうという人たちがいますが、ゴルフとか、テニスとか、一生続けられますか。人間が百二十五歳まで生きられるとしても、これは続けられないでしょう。長生きをしようと思ったら、一生涯追い続けられるものが必要となります。それはつまり神さまを求め続けること、神さまに少しでも近づこうと努力することです。それだったら死ぬまでずっと続けられますからね。毎日神さまにご奉仕している神職でも、一生かかっても神さまの世界が見られるかどうか分からないほどです。感謝する生活を続けて、少しずつでも神さまに近づいていって、ある日大往生をとげるという生き方がいいですね。だからそうなりたいと私は幼い頃から神さまを求めてきましたし、それ以外に人間が真実の人生を送る道はないと思うのです。

歴史と伝統について

——そういうことの流れのなかで、これからの時代をどう生きていくか。いま日本は不況で困っています。これはある意味で健康ではない状態、病んでいる状態とも言えますね。

思いますに、人間が何か自力でつくるということはこの世の中には存在しません。すべて世の中のものは循環とバランスの仕組みによってつくられているわけでしょう。ですから、その仕組みに反したために、バランスを失い、生命力が衰えた状態が不況なんですね。いまの人は経済がおかしくなったから不況が現れると考えていますが、そういうことは表面的なことであって、その前に世の中の生命力が衰えたから、それが不況になって現れてきたという、その真実を知らないわけです。

ですから、いまの不況を回復する正しい方法は、日本人の、あるいは日本の国の生命力をよみがえらせる。これ以外に根本的に不況から脱する方法というのはないわけです。これをやらないで、いくら経済をいじってみたところでなんの意味もありません。それは人間が生かされていることに感謝して、循環とバランスを整えなければ、どんなに体力をつけようとも、栄養のあるものを食べようとも、健康にはならない。それと同じことですね。すべて神さまの仕組み、導きに反するから生命力が衰えるのです。ですから、原点に返って、神さまの導きに沿った生活をすれば、循環とバランスが整ってきて、生命力、活力がよみがえるということです。そして不況もなくなる。この大宇宙の真理がわかっていないんですね。

先程も申しあげたように、生命というのはどうやって伝わるのかというと、親の遺伝子を子が受け継ぐという方法です。われわれの体は、常に古い細胞が新しい細胞に遺伝子を伝え、その新しい細胞が古い細胞の遺伝子を受け継いで新しくよみがえるという新陳代謝を行なっていて、これによって生命がよみがえり、われわれは生かされているわけです。つまり、新陳代謝が終わったとき、われわれは死ぬわけです。

だから、はるか昔から伝わってきた神さまの情報と、我々の祖先が営々と育み築き上げてきた人間の歴史を子供に伝えること、子供はそしてそれを受け継ぐ。これしか生命が続く方法というのはないわけです。これしか生命力がよみがえる方法はないんです。

いま日本はそれをやっていない。子供に日本人の歴史を伝えていない。それで生命がよみがえってこないんです。いまの不況というのは尋常一様の不況でないとみんな言いますが、これはまさに日本の国が死を迎えているという状態のあらわれです。

――末期的な状態ですね。

軽い一時的な病気というのではなく、人間でいえば危篤の状態になっているのが今の状況です。不況以外にもいろいろあるでしょう。少年がたいした理由もないのに大人や子供を殺してみたり、汚職でいっぱい捕まってみたり、環境破壊や異常気象とかもそうです。この日本の未曾有の昏迷はどうして起きてしまったのか。まずはその原因を知らなくてはいけないでしょう。

なぜといえば、戦争に負けて日本が本当の歴史、伝統を否定して、子供に伝えなくなったということがいちばんの原因だと私は思っています。命、つまり生きる知恵というのは、歴史から祖先の経験を学んではじめて、どのように生きたらいいかということが身につくのです。現在の学校教育で与えられる知識だけでは知恵というのは出てきません。だから、正しい歴史を子供に伝えて、子供がそれを受け継ぐ。これをやらない限り、日本は滅びてしまいます。

――子供に歴史や伝統を教えていかなければいけないというお話ですが、そういう意味でいうと、宮司がおっしゃる歴史や伝統の根本である宇宙の本源とか、神の心との関係は、どのように考えたらいいのですか。

それには、百五十億年という年月をかけて生まれてきた宇宙の歴史を知ってもらうことですね。出発点は神さまの心の波動です。そこからすべてが生まれてきた。最初にできた陽子、中性子という二つの素粒子がバランスを取ったとき、核というものができたわけでしょう。その核というのが中心になって、その周りに電子というものがバランスを取って、はじめてすべての物質の根源となる原子ができたというわけです。

これは原子だけの仕組みではなくて、国でも、民族でも、家でも、何でも、まず中心があるわけです。それとほかのものがバランスを取って、そこに命というものが生まれてくる。こういう仕組みになっています。すべてのものが、この循環とバランスの仕組みになっています。

国でもそうなんですね。だれか中心がいなければいけない。それとバランスを取って国の生命が生まれる。日本では、それは天皇です。天皇の必然性がありました。日本人の成り立ちからいっても、日本人というのはいろいろな氏族が集まって次第に一つになった民族ですから、他の国とはその成り立ちが違うので、中心に特別な尊い人を持ってこないと統一が取れない民族なんですね。

ほかの民族は、力で国を造ってきたという歴史があるから、どうしても力の強い人が中心にいる。それが王というかたちですね。それを中心に国というものをつくってきたわけでしょう。

ところが、日本人の場合は力だけでやってきた民族とは少し違う。もっと別の存在がないと、バランスが取れないということを知っていたんですね。それで天皇家をつくって、それが核になっているわけでしょう。それで民族が一つのバランスを取るということです。そうすることによって、日本人というのはできてきたんです。これは古代からの経験で知った知恵ですね。

ですから、天皇家がいいとか悪いとか、すぐそういうことを言う人もいますが、そうではなくて、長い歴史から見て、中心性の必要を感じてできてきた構造でしょう。

しかし、いまは中心がなくなってしまいました。するとばらばらになって、国が個人の集まりというか、ただ単なる集団ということになってしまうわけです。それが現在の、まったく生命力がなくなってしまったという状態でしょう。

だから、すぐ西洋の真似ばかりをするけれども、日本人とは民族の成り立ちが違うのですから、やはりそういうことを知って、なぜ祖先たちがそういう天皇を中心とした国をつくってきたかという歴史を知らなければいけないんですね。

――そこで、たとえば国家神道というのがありますね。そのへんについてはどのようにお考えでしょうか。

国家神道というのは、明治政府の大きな誤りなんです。神道というのはそういうものではないんですね。キリスト教のように、全知全能、オールマイティの神がいて、この世の中のすべてを作られ、それに従わないものは罰を受ける、という考え方は日本人はしていないのです。

大和朝廷が国を治める方法というのは、世界で唯一の方法だったんです。ほかの国ですと、強い王がいて武力でほかの国を征服するわけでしょう。そうして、その国の宗教や伝統など、すべてを消すわけです。そして、自分の国の宗教、伝統、歴史を押しつける。ところが、そこにもともとあった国の宗教、伝統を滅ぼしてしまうと、その王の国もまた、いずれは別の王によって滅ぼされてしまうんです。そういう状態を繰り返してきたわけです。

しかし、大和朝廷はそれをしませんでした。どういうことをしたかというと、日本にはたくさんの氏族というのがいて、それぞれの氏族が自然や祖先を神と祀っていた。氏神さまというのを祀っていたわけです。普通だったらそれを武力で滅ぼすのだけれども、大和朝廷はそれをやらないで、逆にそういう神さまを全部、朝廷に取り入れて、天皇家でお祀りするということをしてきたわけでしょう。

いまでも皇居には賢所《かしこどころ》と皇霊殿と神殿という三つの建物があります。賢所というのは天照大神をお祀りするところ、皇霊殿というのは代々の天皇をお祀りするところ、神殿というのは日本全国の神さまをお祀りしているところですが、そのように日本全国のみんながそれぞれに祀っている神さまを、滅ぼさないで天皇家も祀りましょうということをやったんですね。世界でまれなることをやったんです。八百万の神といわれるほど多い神さまをお祀りしたんですね。だから、続いたんです。ほかの氏族の宗教、歴史を滅ぼさずに、逆に天皇が祀ったわけです。それで伝統が続いているから、天皇家は続いてきたんですね。

これと同じことをやっているのが春日大社です。最初にも言いましたが、ここは、奈良の都を治めるときにはじめてできた神社です。ここに香取・鹿島と藤原氏の氏神さまという四柱の神さまを持ってきたわけでしょう。しかし、そのほかに春日大社には六十一の摂社・末社があります。これは、各地方にある神さまをここにお連れして、お祀りしたものです。ご本殿の神さまは天皇みずからが毎年お祀りになる。しかし直接お越しにはなれないから、いまでも、天皇のお使いであるお勅使が毎年いらっしゃいます。

天皇みずからがお祀りして、しかもそれぞれの地方にある神さまを全部ここでお祀りしましょうということで、やっているのが春日大社です。だから、境内に六十一社ものお社を祀っています。こんなふうにほかの宗教を滅ぼさなかったという世界にまれなるやり方をやったのが天皇家です。これが本当の命が続く原点ですね。滅ぼしてしまったら自分も滅んでしまうんです。だから、歴史というものがいかに大切か。歴史をなくした国は必ず滅びます。

つまり、そういう伝統や歴史というのがいかにすごい力を持っているか知って欲しい、ということなんです。これをやっているのが神社の祭りです。この祭りというのは日本人のすごい知恵なんですね。毎年同じことを繰り返して、理屈ではなくてかたちで昔の伝統を伝えている。命を伝えているというのが祭りなんですね。

しかも、神さまを認め、神さまのすばらしさをたたえるという行為、本来の姿かたちで、ずっと伝統を伝えています。この祭りが消えたら日本は滅びてしまいます。本当なら日本人というのは、戦争に負けて歴史を教えなくなったときにもう滅びているんだけれども、いまこうやって経済大国と言われるようになった大きな理由は、祭りを絶やさなかったことですね。祭りを守ってきた人が日本の伝統を伝えてくれた。それでいままで続いているわけですが、それにしても五十年もたってしまって、ほかの伝統は全部消えてしまったんです。そこで、生命の衰えが来て、不況という事態になっているわけです。

だから、くりかえして言いますが、命をよみがえらせない限り、人間の体も、企業も、国も、民族も、みんな滅びてしまうんです。命しか続くものはない。命というのは生きる知恵ですね。知恵というのは、歴史から学ぶものですから、歴史を伝えなさいと言うんですが、みんな不況の対策に歴史を知って何になるのかと思うんですね。頭の知識だけで、不況というのは経済の問題だと思ってしまう。それは違います。

人間の本当に生きる姿

――そういう意味でいうと、いまは本当に伝統とか歴史というものと切り離されてしまっていますね。

ええ。歴史、伝統から切り離されたら、国でもこうなる、民族も衰える。そのために現在の昏迷した世の中になってしまったことを神さまが知らせているのに、まだ気がつかない。不況はお金の循環が悪いんだからといいますが、どうしてお金の循環が悪くなったのかということがわからない。昔の歴史や伝統を伝えていないから生命力がなくなり、その結果不況になった。そう言っているのに、歴史や伝統と経済とはまったく関係ないと考える。これが愚かなんですね。

病気でもそうです。西洋医学にどっぷりつかっているから、胃なら胃が悪いとしたら、胃だけを治せばいいと考える。そうではないと言うんです。循環とバランスが崩れていると言っても、そんなものと胃は関係ないと思ってしまうんですね。

だから、世の中というのは目で見えているだけが世の中ではない。目に見えないものが本当の世の中です。目に見えないことを大切にしなければいけない。目に見えない神さまの世界から、目に見える現在の世界というのが出てきているわけでしょう。目に見えないところの世界をおろそかにしたら、現在がめちゃくちゃになるのは当たり前の話です。

そのために神を敬いなさい、祖先を尊びなさいといっているわけです。これは目に見えない世界でしょう。これが本当の世界です。こちらをよくすれば、ほうっておいても循環とバランスで現世はよくなるんです。ところが、目に見えない世界をほったらかして、片方の現世だけよくしようというから、よくならないんです。こんな簡単な理屈がどうして

神苑にて

わからないのかと思います。

――そうすると、神道というのはそういうことを教えてくれるものであると。

ええ、人間の本当に生きる姿を伝えているのが神道だと思います。そのために、日本人というのができたのだと私は思うんです。神さまと共に生きる、人と共に生きる、自然と共に生きる、みんな一緒になって生きるという、人間の本当に生きる姿を伝える民族が、日本人ではないかと思います。しかも、これだけの歴史と文明に支えられた民族で、しかも人間の本当に生きる姿を表せるというのは、日本人以外にないでしょう。いまこそ日本人が、本当の生活に目覚めなければいけない。そして、本当に生きるというのはこういうことなんだということを、世界中に見せなければいけません。

日本人は昔はそれをやっていたのですから、脳の遺伝子のなかにそういう記憶をみんな日本人は持っています。その記憶をよみがえらせてもらったらいいわけです。外国人には日本人の記憶がありませんから、外国人によみがえらせろと言ってもできない相談です。日本人は祖先の経験が遺伝子のなかに入っているから、できるわけですね。講演会などでこうしたお話をすると、感動したといってくださる方がたくさんいらっしゃいます。それは日本人だから、過去の記憶がよみがえるのだと思います。

記憶といっても、悪い記憶ではないんですね。すばらしい本来の姿の記憶をよみがえらせるしか、日本人を救う方法は今ないんです。ですから、これをやるのが私の仕事だと思っています。

――それには、さっきからの繰り返しになると思いますが、生かされているということに目覚める、感謝をする心、ともに生きるということに帰着していくということでしょうか。

そうです。それが本来の姿だから、もとに戻ればいいわけです。むずかしいことでも何でもない。本来の姿に戻るためには、それを知ってくれればいいわけでしょう。それは、過去の歴史を見ればわかるということです。歴史というと、すぐ教科書に書いてある歴史のことだけを考えますが、そうではなくて、百五十億年昔からの宇宙の歴史です。それを見なさいと言っているわけです。すると、日本の歴史というのは権力者がつくったものだとか、すぐそういうことを言うでしょう。それは真実ではないと思う。

私が言っている歴史というのは、江戸時代に徳川家康が何をやったとか、豊臣秀吉が何をやったとか、そういうことだけではないんです。そんなわずかな百年とか千年とかということを言っているのではありません。もっと無限の百五十億年昔からの歴史の流れを見てくださいと言っているんですね。どうやって宇宙ができて、どうやって星ができて、どうやって地球ができて、生物が現れてきたか。こういう歴史ですね。これは本当のことですから、それを見なさいと言っているんです。

そういう歴史の積み重ねが現在なんでしょう。当たり前の話です。歴史の結果、現在ができてくる。歴史なくして現在はないでしょう。歴史を見たら、生きる知恵がわかるわけです。

未来もそうなんですね。二十一世紀がどうとかこうとかと、いまさかんに言われていますが、この現在をよくしなかったら未来がよくなるわけがありません。歴史のつながりが現在であり、今のつながりが二十一世紀ですから、現在が悪かったら、悪いものがそのまま行くだけですね。だから、現在をよくしたら二十一世紀はよくなる。現在をよくしないでおいて、二十一世紀だけがいいということは起こるはずがありません。こんな簡単な理屈がなぜわからないのかと思います。人間はそこまでバカになったのかと思いますね。原因があって結果が出てくる。原因のない結果なんてないでしょう。

ですから、現在のない二十一世紀は存在しない。だから、いま本当の世界に目覚めてくれれば、二十一世紀はバラ色になります。目覚めない限りはまだ暗黒です。暗黒ですめばいいのですが、滅亡ですね。私はむずかしいことを言っているのでも何でもない。本当のことです。

本当のことというのは、神さまのことです。本当のことはシンプルです。シンプルの極致が本当のことです。だから、世界は本当にシンプルなんです。それを複雑にしているのが人間の我欲です。また、複雑でないと高等でないし、簡単なことは下等だと考えるところがありますね。けれども本当に高等なものというのはシンプルなんです。

芸術品を見ても、本当にすばらしいものはシンプルにできています。茶わんにしても、ごてごてと飾り付けたものはないですね。シンプルにしたところに、茶わんのすばらしさというのは出てくるでしょう。複雑なものには出てこない。むずかしく考えることがおかしいんだと思います。シンプルに考えればいいのですね。前にも言いましたが、そのシンプルさに神の世界の美を見るというのが日本人の考え方ですね。

――ところで神社にお参りに来る方々もたくさんいらっしゃるし、お祓いやご祈禱を受ける方もいらっしゃると思いますが、最近はだいぶ変わってきていますか。

ええ。極端から極端に分かれているような気がします。神社に親子連れで観光として来て、まったく手も合わさなければ、拝みもしないという人も増えています。単なる観光の場所として見る。そういう人が最近非常に増えていますが、その反面、真剣になって手を合わせるという子供も増えています。実はそこに一つの望みを持っているんです。極端になっていて、中間層というのがだんだん減っていますね。まったく神を見ないという人々と、本当に真剣になって神を考える人々に分かれてきているんです。

春日大社では御巫《みかんこ》修行コースというのがあって、若い女の子たちが二泊三日で来るんですね。たくさん応募があります。結局、何で来るのかというと、毎日のOLの仕事では飽き足らない。何か日本古来のものに触れてみたいということです。そういう若者がたくさんいます。ただ、その人たちは、どうやったらいいか知らないだけなんです。それを教えてあげて指導してあげたら、本当の日本人になるのではないかと思います。それが唯一の希望ですね。

ですから、こういう機会を逃さないで、そういう人たちに、本当のことを教えてあげたら、日本はよみがえるかもしれないと思うんです。ですから、暗いことだけではなくて、少しずつ希望がわいてきているのは確かです。

このよみがえりというのは世代を超えているんですね。いちばん悪いのは、戦後の生まれで団塊の世代というのが、いまの若い世代の親になっていますね。この世代がいちばん悪い（笑）。それを飛び越えて、若い世代に本当に目覚める人がいます。だから、神さまというのはすごいんですね。もう飛び越えている。そういうところに希望があります。

――そういう人は昔よりは増えていますか。

ええ。十年前よりは増えていますね。小学生が神さまの話を聞こうとしています。一つには、学校でそういうことを聞いたことがないから、そういうことを話すと、非常に興味を持つんですね。それが一つの望みで、神さまというのは世代を超えて伝えるのではないかと思います。何度でも言いますが、歴史というものは、おじいさんやおばあさんから孫にしか伝わらないというけれども、本当のことだなと思います。そしてこういう若い世代の目覚めを見ていると、そこはさすが日本人なんだなと感じます。

民族というのは、アメリカ人の命、中国人の命、フランス人の命など、みんなその民族によって歴史が違うから当然命も違ってきます。われわれは日本人だから、子供たちに日本人の命を伝えなければいけないでしょう。だから、これまではるか昔からずっと命を伝え、宇宙のあらゆるものとの循環とバランスの中で、感謝の生活を送ってきた日本人の素晴らしさを知って、子供たちが「自分は日本人なんだ」という誇りを持ってもらいたいですね。私は現代のように乱れた世界を救えるのは、そういう素晴らしい日本人の知恵であり、それを世界に広める時が今ではないかと思うんですね。

本来は、神社やお寺にきたらまず手を合せて祈る、感謝するというのが自然なことだったのに、いつのまにか理屈理論、利己主義と合理主義で凝り固まって、そういう心がなくなってしまいました。けれどもこういう若い世代の目覚めによって、祈る心や感謝の心をいつも持って欲しい。はじめは個人的な祈りや感謝でも、それがやがて理屈のない感謝、無我の感謝につながっていくはずです。そうすれば暮らしやすい、もっと潤いのある豊かな世の中によみがえっていくと思います。そういう意味で、いま、若い世代の目覚めに期待しています。

おわりに

現代の日本人のなかには「この科学の時代に、神など信じない」という人も多いし、また「この世には、科学では分からないことがまだまだたくさんあるから、私は神を信じる」という人もいます。

また「目に見えないものは信じない」、「神がいるならどうして、この世に不幸だとか悩みだとか病気などがなくならないのだろうか。だから私は神を信じない」と考える人もいます。「神がいるならなぜ、悪いやつが金を儲けて幸福な生活をし、あんな善い人が不幸な生活をするのだろうか。だから神を信じない」、「自分の人生は自分の力で築くものであるから、なにごとも神の導きに従うというような神頼みの人生は真実の人生ではない」などと思っている人もいます。また私に対して「お医者さんのくせに、なぜ神さま、神さま、というのか」と聞く人もいます。

しかしこれらは、神とはどんな存在なのかということを知らないで、ただ神を信じるとか信じないとか言っているだけなのです。私はこういう態度こそ、科学の発達した現代の中で、非科学的なことだと思っています。神さまは、信じるか否かということではなくて、神の世界を見ることができるかどうか、なのです。

神の世界と、我々の世界は、別々に存在しているように思われていますが、本当はそうではありません。ちょうど夜の世界と昼の世界が別世界ではないように、宇宙の真実、神の世界は夜の世界であって、その中に我々のいる現世、昼の世界が一緒に存在します。昼の世界は、ただ日光の明るさで夜が見えなくなっただけです。だから昼でも日光を完全に遮断したら、闇、すなわち夜の世界がそこに現われるでしょう。でも夜の世界を知るためには、夜ばかりでは分かりません。反対の明るい昼の世界がなければ分からない。この宇宙の仕組みが本当に分かることが我々の役目なのです。

つまり神さまは、神の真実の世界を認めさせるために、わざと逆の世界を人間に与えておられるのでしょう。逆があるから真が見えるのです。それなのに人間は、病気だとか、不幸だとか悩みというようなものが、実在の世界であると思ってしまったところに過ちが現われ、現在のような乱れた世の中になってしまったのです。

古来より、日本人はそのすばらしい知恵で、病気だとか、不幸だとか、悩みなどは、神さまが本来神の姿に作られた人体を包み隠す(罪)、また我々を生かしてくださる気を枯らす(穢)ことが原因であるから、これらを祓い除くことで神の真実の姿が現われることを知っていました。この罪・穢はすべて我欲であるから、その我欲を祓い除いたとき、神の姿を見ることができるのです。つまり神は外に求めるのではなくて、心の中の我欲をなくしたとき、はじめて神の世界が現われてくるのです。

私は子供のときから、いつも何かに導かれているという感じがして、「これは神や祖先に導かれているのか、あるいは自分の心の錯覚なのか」と大いに迷い、中学時代から神社、仏閣をはじめ、いろいろな宗教から「神とは何か」ということを勉強してきました。それが大学医学部在学中に肺結核となり、悪化してついに死が目の前に近づいたとき、なぜか私からすべての我欲が消え、目の前に神の世界を見せられて、ただありがたさに涙が止まらず、気がついたら病気が消えていた、という体験をしました。

その時の感動が忘れられず、もう一度神の世界を見たいと思いましたが、恥ずかしながらまだまだ我欲があるために、現在まで二度と神の世界を見ることができていません。しかしながら、人生を振り返ってみると、いろいろと奇跡と思われるようなことや、厳しい状態もあり、それらを含めて神の導きと知らされ、それに順応して耐え抜く人生を歩まされてきました。そしてこの年になってふと、私は進化させられ、神の世界に近づかされていることに気がつきました。

とくに春日大社の宮司に就任してからは、自分でも不思議なくらい我欲がなくなり、常に神の導きを感じるようになり、そのとおりに生活させていただいています。神を見るには理屈はいりません。日本人の祖先が伝えてきたように、すべては神の恵みと祖先の恩の導きですから、それに従って全力をあげて努力し、決して我欲を出さないことです。これは非常に難しい人生ですが、神さまは厳しさの極限を耐えぬいたときに現われてこられます。

今までいろいろのことを述べてきましたが、すべては一人でも多くの方々に、神の真実の世界を伝えたいと考えたからです。私の申し上げたことが少しでも、皆さまの何かのお役に立てれば、幸いに思います。

著者略歴◎葉室頼昭（はむろ　よりあき）
1927年、東京生まれ。学習院初・中・高等科をへて、大阪大学医学部卒業。大阪大学医学部助手、大阪市大野外科病院長などをへて、1968年、葉室形成外科病院を開業。医学博士。1991年、神職階位・明階を取得。枚岡神社宮司をへて、1994年、春日大社宮司。1999年、階位・浄階、神職身分一級を授与さる。2009年、逝去。
著書に、『〈神道〉のこころ』『神道と日本人』『神道 見えないものの力』『神道〈いのち〉を伝える』『神道〈徳〉に目覚める』『神道 夫婦のきずな』『神道と〈うつくしび〉』『神道と〈ひらめき〉』『神道〈はだ〉で知る』『神道 感謝のこころ』『神道 いきいきと生きる』『神道 心を癒し自然に生きる』『ＣＤブック 大祓 知恵のことば』『神道 おふくろの味』（以上、春秋社）『御力』（世界思想社）『にほんよいくに』（冨山房）など多数。

神道と日本人
一九九九年二月一日　初　版第一刷発行
二〇一三年九月二十日　新装版第一刷発行
二〇二四年六月三十日　新装版第三刷発行
著　者　葉室頼昭
発行者　小林公二
発行所　株式会社　春秋社
東京都千代田区外神田二-一八-六
〒一〇一-〇〇二一
電話〇三-三二五五-九六一一
振替〇〇一八〇-六-二四八六一
https://www.shunjusha.co.jp/
印刷所　萩原印刷株式会社
写　真　宝田　昇
装　丁　美柑和俊
定価はカバー等に表示してあります

ISBN 978-4-393-29932-6

◇ 葉室頼昭の本 ◇

〈神道〉のこころ〈新装〉

春日大社の宮司が〈自然〉からのメッセージを贈る注目と感動のインタビュー集。一七六〇円

神道と日本人〈新装〉
不安と混迷の滅びの現代に古来からの〈神道〉に関わる生き方を語る注目の書。一七六〇円

神道 見えないものの力〈新装〉
神道のこころに目覚め、〈見えないものの真実の力〉を日本人に伝える人生の書。一七六〇円

神道〈いのち〉を伝える〈新装〉
いのちとは何か？ いのちの真実をすべての日本人に訴え、語り尽くす注目の書。一七六〇円

神道〈徳〉に目覚める〈新装〉
〈いのち〉と〈教育〉の真実に触れることで〈本当の幸せ〉の生を示す刮目の書。一七六〇円

神道 心を癒し自然に生きる〈新装〉
医学博士の宮司が、西洋医学の経験を踏まえて〈共生〉と〈癒し〉のこころを語る。一七六〇円

大祓 知恵のことば CDブック
声に出して無我のこころで唱えよう。心と体を癒す祝詞、大祓のこころを語る。二二〇〇円

価格は税込（10％）